DIE LEBENSWERTE BUNDESHAUPTSTADT
WIEN
宜居之都维也纳

赵彬 著
Verfasser：Zhao Bin

中国城市出版社
CHINA CITY PRESS

维也纳金色大厅新年音乐会

序

我作为奥地利驻中国大使,有幸为中国原驻奥地利大使所撰写的这本关于维也纳的书作序。

赵彬大使非常了解奥地利,是奥地利的一位老朋友。他在维也纳度过了8年的外交生涯。先是从1988年到1992年,然后作为中国驻奥地利大使,在2012年到2016年期间,驻留在奥地利。他用文字总结了自己在这座城市中的所见所闻、所感所想,由此诞生了《宜居之都——维也纳》一书。这本书生动有趣,阅读价值高。我相信,它会吸引众多中国读者。

由于在金色大厅举办的新年音乐会,维也纳闻名于中国。在本书中,作者将会介绍很多这座城市不为人所熟知的方面。我向每个文化爱好者推荐这本书,在你们踏上去维也纳的行程之前,不妨读一读它。赵大使所拍摄的大量精美图片,或许也会让读到这本书的您,将维也纳列入旅行计划之中。

我也是第二次供职于奥地利驻中国大使馆。2002年至2004年期间,我担任公使一职。自2017年7月至今,我作为大使在这里工作。我也应该学习赵彬大使,在结束我在中国的外交工作的时候,也写一本关于北京的书。赵大使给我竖起了一杆很高的标杆。

祝所有读者阅读愉快,并衷心感谢赵彬大使为加强中奥关系和友谊所作出的不懈努力。

石迪福博士
奥地利共和国驻中华人民共和国大使
2018年2月1日

Das Vorwort

Als Botschafter Österreichs in der Volksrepublik China ist es mir eine besondere Ehre und Freude, ein Vorwort für ein Buch eines ehemaligen Botschafters der Volksrepublik China in Österreich über unsere Bundeshauptstadt Wien zu schreiben.

Herr Botschafter Zhao Bin ist ein großer Kenner und Freund Österreichs. Er hat insgesamt acht Jahre seiner diplomatischen Karriere in Wien verbracht, am Anfang seiner diplomatischen Laufbahn von 1988 bis 1992 und dann von 2012 bis 2016 als Botschafter seines Landes in Österreich. In dem vorliegenden Buch „Wien – eine Stadt zum Leben" hat er seine Eindrücke, Erlebnisse und umfangreiches Wissen über diese Stadt in Worte gefasst. Daraus ist ein sehr interessantes und lesenswertes Buch geworden. Ich bin sicher, dass dieses Buch viele Leserinnen und Leser in China finden wird.

Wien ist in China vor allem aufgrund des Neujahrskonzertes aus dem Goldenen Saal des Musikvereins sehr bekannt. In diesem Buch werden aber auch viele andere, nicht so bekannte Aspekte der Stadt dargestellt. Ich kann jedem Kulturinteressierten die Lektüre dieses wunderbaren Buches empfehlen, bevor er eine Reise nach Wien antritt. Die großartigen von Botschafter Zhao gemachten Fotos sollten Sie, geschätzte Leserinnen und Leser, animieren, einen Besuch in Wien in ihre künftige Reiseplanung aufzunehmen.

Da auch ich nun bereits zum zweiten Mal auf Posten in der Volksrepublik China bin, von 2002 bis 2004 als stellvertretender Missionschef und seit Juli 2017 als Botschafter, sollte ich mir Botschafter Zhao Bin zum Vorbild nehmen und nach Ende meiner diplomatischen Laufbahn auch ein Buch über Peking schreiben. Die Latte, die mir hier gelegt wurde, ist eine sehr hohe.

Ich wünsche allen Leserinnen und Lesern ein vergnügliches und interessantes Leseerlebnis und möchte mich bei Herrn Botschafter Zhao Bin aufrichtig für seinen unermüdlichen Einsatz bei der Stärkung der Beziehungen und der Freundschaft zwischen China und Österreich bedanken.

Dr. Friedrich Stift
Botschafter der Republik Österreich in der Volksrepublik China
Den 1. Feber 2018

自序

我曾两次在维也纳居住,时间长达 8 年。第一次是 1988 年至 1992 年,这使我有机会初步了解了奥地利的山山水水,了解到奥地利九个州的不同风情。第二次是 2012 年至 2016 年,作为中国驻奥地利特命全权大使,我更有机会深入认识这个"阿尔卑斯山共和国",特别是她的首都维也纳——这个连续七年被评为世界第一宜居城市的美丽城市。

对于中国人而言,维也纳既熟悉又陌生。说熟悉,因为几乎无人不晓"蓝色多瑙河的故事",对电影《茜茜公主三部曲》更是耳熟能详,还有醇香可口的"维也纳咖啡"和享誉世界的"当年酒";说陌生,因为很少有人知道"世界圆舞曲之王" 小约翰·施特劳斯(1825—1899 年)的发迹之地在哪里,也很少有人知道大名鼎鼎的奥匈帝国伊丽莎白王后就是当年巴伐利亚山区的"茜茜"女娃,很少有人知道在往返北京 / 维也纳航班 C 舱就可以享用的"维也纳咖啡",竟源自早年土耳其人丢弃在维也纳的一袋咖啡豆。

我已从驻奥地利大使的岗位上退下来,但促进中奥两国的文化交流仍是我的职责。于是,我决定写写这个国土面积仅 8 万余平方千米、人口约 860 万的国家及其首都维也纳。维也纳人口约 186 万,是世界第二大讲德语的城市。我对于她的了解一方面来自于书本,更多的则源自于第一手材料:新老朋友的口述、实地观察和"第三只眼"——照相机。换个角度看,北京与维也纳真的很像,两座城市都有着辉煌的历史,又同样任重道远,面临着发展与环境的压力。写作本书便有了交流、借鉴的意义,希望对国内读者特别是城市建设管理者有所启发。

我非常愿意和读者分享个人对于维也纳的印象。本书并非全面介绍维也纳,但"窥一斑而知全豹",相信本书对读者全面了解维也纳乃至奥地利大有裨益。

赵 彬

原中华人民共和国驻奥地利共和国大使

2018 年 1 月 25 日 于北京

Das Vorwort vom Verfasser

Zwei mal, insgesammt 8 Jahre, habe ich in Wien gewoht. Von 1988 bis 1992 zum ersten Male konnte ich vorläufig die Gebirge und Flüsse von Österreich und die Unterschiedlichkeiten von 9 Bundesländern vorerst kennenlernen. Von 2012 bis 2016 war ich als chinesischer Botschafter zum zweiten Male in Österreich und hatte die Gelegenheit, diese"Alpen-Republick"sowie dessen schöne Hauptstadt Wien, die 7 Male als lebenswerte Stadt der Welt ausgezeichnet wurde, tiefgenhend kennenzulernen.

Wien ist uns Chinesen sowohl bekannt als auch fremd. Bekannt ist, niemannd kennt nicht "die Geschichte von der schönen blauen Donau" und die Filme-Serie von "Sissi", sowie den gutgeschmackten "Wiener Kaffee" und den weltbekannten "Heuriger". Fremd ist auch, wer genau weiss, wo sich Stauss (Sohn,1825-1899),"der König der Walze", von Anfang an bekannt macht? Wer weiss doch, die weltbekannte "K. und K."Elisabeth, die auch "Sissi" hiess, stammte vom heutigen Bayer. Und wer weiss auch, in der C-Klasse des Flugzeugs von Beijing nach Wien schon der Wiener Kaffee serviert wird, und die Kaffee-Bohnen von damaligen Türken in Wiener Umgebung hinterlassen wurden.

Nun bin ich zwar in Ruhestand, betrachte ich aber den Kulturaustausch zwieschen China und Östrereich als meine Pflicht. Deshalb möchte ich über das Österreich, das Gesammtfläche von ca. 80,000 km^2 und Bevölkerungszahl von ca. 8,6 Millionen beträgt sowie dessen Hauptstadt Wien, schreiben. Wien hat die Bevölkungszahl von ca. 1,86 Millionen und ist die zweite grosste deutschsprachige Stadt.

Einerseits weiss ich Wien von Büchern, andereseits aber mehr aus ersten Hand:Besprechungen mit alten und neuen Freunden, Betrachtungen vor Ort und von meinem "3. Auge" — dem Photoapparat . Aus anderer Betrachtungsweise, Beijing ist wirklich änlich wie Wien. Die zwei Städte hatten gläzende Geschichte und haben doch auch einen langen Weg vor sich, die Entwicklung heranzutreiben und gleichzeitig die Umwelt zu verbessern. Dieses Buch ist deshalb sinnvoll für ein gegenseitiges Lernen, und mit der Hoffnung, den Inlandslesern sowie Stadtverwaltern, Ideen geben zu können.

Ich möchte sehr gern, persönliche Meinungen über Wien mit Lesern auszutauschen. Mit dem vorliegenden Buch kann die Stadt Wien nicht in allen Aspeckten dasgestellt werden. Aber "wenn man sich einen Flecken anschaut, kann er schon den ganzen Leopard kennen". Ich glaube, dieses Buch ist deshalb sinnvoll für Leser über Wien sowie Österreich vollständig wiessen zu wollen.

Zhao Bin

Ehemaliger Botschafter der VR China in der Republik Österreich
am 25. Jänner 2018, in Beijing

目录

014　引　言

019　**第一章　维也纳的历史**
020　1. 首都维也纳概况
024　2. 维也纳的崛起
030　3. 维也纳体系
034　4. 第一次世界大战
036　5. 独立与中立的奥地利

043　**第二章　维也纳的文化底蕴**
044　1. 维也纳的音乐
054　2. 维也纳的绘画
058　3. 维也纳的舞会
064　4. K.u.K. 文化
066　5. 茜茜公主
068　6. 教堂文化
072　7. 维也纳的"中国元素"
079　8. 电影《在桥的那边》

Verzeichnis

Einführung - 014

Das 1. Kapitel Geschichte von Wien - 019

1. Geschichte über Bundeshauptstadt Wien - 020
2. Aufsteigen von Wien - 024
3. Der Wiener Kongress - 030
4. Der 1. Weltkrieg - 034
5. Unabhängigkeit und Neutralität von Östrereich - 036

Das 2. Kapitel Kultureinzelheiten von Wien - 043

1. Musik von Wien - 044
2. Malerei von Wien - 054
3. Tanzball von Wien - 058
4. K. u. K. Kultur - 064
5. Sissi Prinzessin - 066
6. Kirchen Kultur - 068
7. "China Faktoren" in Wien - 072
8. Der Film "Am anderen Ende der Brücke" - 079

083 **第三章　维也纳的建筑杰作**

084　1. 施特凡大教堂
086　2. 奥地利国家图书馆
090　3. 分离派艺术馆
092　4. 感恩教堂
094　5. 皇家夏宫——美泉宫

101 **第四章　维也纳的规划经典**

102　1. 维也纳环城大道
116　2. 面向未来的社区——阿斯庞新城

121 **第五章　维也纳的社会文明**

122　1. 社区力求贫富融合
124　2. 全民教育和传统文化教育
126　3. 孩子的美德教育

129 **第六章　维也纳生活的便利和舒适**

130　1. 从街头餐饮店说起
134　2. 蛋糕的故事
138　3. 咖啡、葡萄酒和"俺们都得乐"

149 **第七章　维也纳的城市管理**

150　1. 老城保护
162　2. 建设文化
170　3. 交通管理
176　4. 安全保障

181 **第八章　维也纳的生态环境**

182　1. 优美的居住环境
191　2. 环保行动
198　3. 纯净的水源
204　4. 天空与空气
208　5. 乡村美景

Das 3. Kapitel   Meisterbauwerke in Wien - 083

1. Stephansdom - 084
2. Nationalbibiothek Österreichs - 086
3. Secession in Wien - 090
4. Votivkirche in Wien - 092
5. Das Schloss Schönbrunn - 094

Das 4. Kapitel   Klasische Stadtplanung in Wien - 101

1. Ringstrasse in Wien - 102
2. Die neue "Stadt" Aspern—Zukunftsorientiert - 116

Das 5. Kapitel   Gesellschaftszivilisation in Wien - 121

1. Gesellschaftliches Anpassen von Arm und Reich - 122
2. Bevölkerungsbildung und tradionelle Kulturbildung - 124
3. Tugendbildung von Kindern - 126

Das 6. Kapitel   Angenehmes Leben in Wien - 129

1. Das "Fastfood" in Wien - 130
2. Geschichte über "Wiener Kuchen" - 134
3. Kaffee, Wein und Almdudler - 138

Das 7. Kapitel   Stadtverwaltung von Wien - 149

1. Schutz alter Stadt - 150
2. Bauwerke in Wien - 162
3. Verkehrswesen in Wien - 170
4. Sicherheit in Wien - 176

| 212 | 6. 河水管理 |
| 216 | 7. 梦幻多瑙河 |

223	**第九章　奥地利的冬季运动**
224	1. 冬季运动的强国
228	2. 滑雪与冰上运动
230	3. 冰雪运动之都——因斯布鲁克

| **234** | **结束语** |

Das 8. Kapitel Ökoumwelt in Wien - 181

1. Ausgezeichnete Lebensumwelt - 182
2. Aktion-Umweltschutz - 191
3. Ausbearbeitete Wasserquelle - 198
4. Himmel und Luft - 204
5. Schöne landschaftliche Aussichte - 208
6. Saubere Flüsse - 212
7. Traumhafte Donau - 216

Das 9. Kapitel Wintersport in Östrereich - 223

1. Grossmacht in Wintersport - 224
2. Skilauf und Eislauf - 228
3. Hautstadt des Wintersport-Innsbruck - 230

Schlusswort - 235

引言
Einführung

何谓宜居城市，各统计机构有自己的标准。据经济学人智库（Economist Intelligence Unit's）2016年对全球140个城市的调查，维也纳第七次蝉联世界宜居城市的冠军！（参见经济学人智库网站www.economistasian.com）上述统计从政治、经济、医疗、交通、环境、治安等30多个方面综合评定得出结论。根据奥地利官方资料，奥地利的富裕程度是世界第11位，欧洲第3位；如果依"基尼系数"，奥地利的人均收入则是世界最为均衡的国家之一；在世界百万以上人口大城市中，维也纳属于生活质量最高的城市。

维也纳现有人口约186万，其中男性占49%，女性占51%。2007年至2017年，维也纳人口增加了12.4%。维也纳是一个"国际化的大都市"，这里生活着来自世界182个国家的人，其中奥地利人约占71.4%，欧盟其他国家的人占12.2%。如果就人口密度而言，这里每公顷土地上生活着约177人。2015年维也纳国内生产总值为865亿欧元，约占奥地利的1/4，人均国内生产总值为47700欧元。维也纳环境良好，夏季一片葱绿，冬季也不乏宜人的绿色，白雪皑皑之下绿色随处可见。这里的绿色植被占50%以上，有些地区已达70%；建筑约占土地的33%，交通用地约占15%，道路总长为2828千米。作为"宜居之都"，维也纳的文化生活也占有极其重要的位置。维也纳有电影院28家，电影放映厅146个，观影人次500万以上。维也纳有981个游乐场所，953个城市公园，167个大型运动设施及531个对外开放的学校运动场，可以充分满足市民的休闲及体育活动。

"宜居城市"概念是在1996年联合国第二次人居大会提出来的，很快在国际社会形成了广泛共识，成为21世纪新的城市发展观。"宜居城市"主要的评价指标包括生态环境、城市安全、生活便利、生活舒适、社会文明、城市美誉度等。中国也积极推进宜居城市建设。2005年1月，国务院在批复《北京城市总体规划（2004年—2020年）》时提出建设宜居城市，"把北京市建设成为我国宜居城市的典范"。同年7月，国务院在全国城市规划工作会议上要求各地把宜居城市作为城市规划的重要内容。2007年5月，建设部科技司通过了《宜居城市科学评价标准》。此后，中国城市竞争力研究会通过依据该标准建立的《中国宜居城市评价指标体系》对中国289个城市进行调查、研究、评价，连续多年发布了中国十佳宜居城市排行榜。中国的宜居城市建设正风起云涌，而维也纳就是宜居城市建设的一面镜子。

眺望维也纳

大名鼎鼎的维也纳森林

维也纳掠影

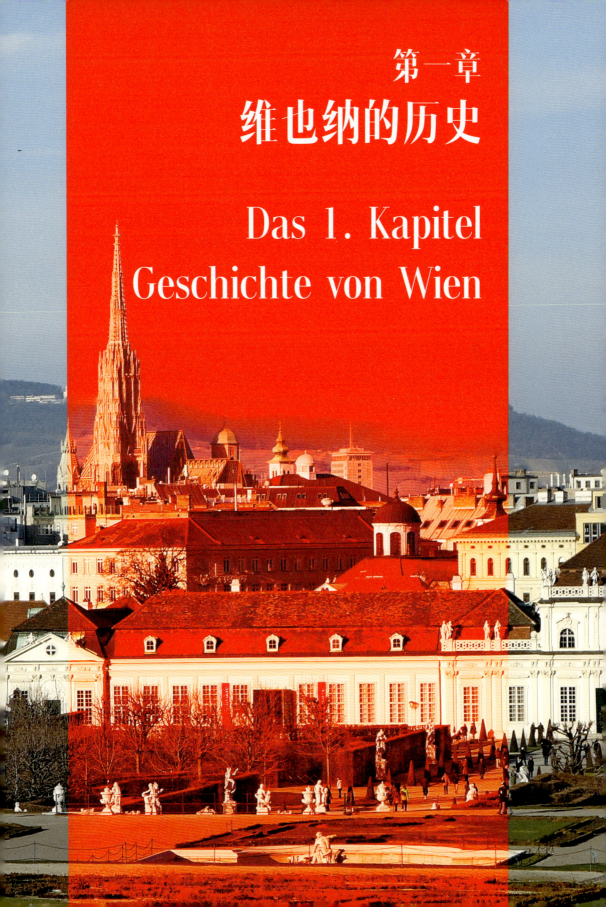

第一章
维也纳的历史

Das 1. Kapitel
Geschichte von Wien

首都维也纳概况
Geschichte über Bundeshauptstadt Wien

维也纳作为奥地利共和国的首都,既是一个城市,也是九个联邦州之一,其领土面积415平方千米,占全国的0.5%,全国约有五分之一的人口(186万人)在维也纳居住。按照人口计算,它是欧盟国家中的第七大城市,是仅次于柏林的第二大德语城市。维也纳是奥地利的政治、经济和文化中心,奥地利的议会、总统府、总理府、法院和各联邦部均设在此地,其城市的核心部分已被联合国列为世界文化遗产。

维也纳在国际上享有盛誉,是联合国除纽约、日内瓦外最重要的国际组织所在地,20世纪70年代在维也纳多瑙河畔落成的"联合国城"闻名遐迩。维也纳是石油输出国组织、国际原子能机构、联合国工业发展组织、欧洲安全与

维也纳"联合国城"远眺

合作组织所在地。作为曾经显赫一时的奥匈帝国首都,维也纳也是欧洲最古老、最重要的文化、艺术和旅游城市。

从地理上看,维也纳位于奥地利东北部(纬度和我国的哈尔滨相似),多瑙河从城市的西北侧穿过。其气候为温和的中欧型,虽然冬天气温低,风雪多,但大雪覆盖之下仍是绿油油的一片。维也纳是所有奥地利大城市中降水(全年约600毫米)最少的。

维也纳令人印象深刻的地方有哪些?一是历史悠久。在维也纳,如果一所房子超过一百年,一定是"老房子"了,动一动需要方方面面的"批准"。比如"希腊人之家"餐馆就是一例:在老街老巷的位置、墙上名人的签名、多

维也纳市中心的英雄广场

年不变的菜肴等等,这就是它的"卖点"。二是文化深邃。"音乐之都"自然离不开音乐和音乐家,"奥匈帝国"离不开历史,仅这两点就大有文章可做:比如施特劳斯父子经常光顾的地方,他们曾经坐过的椅子,他们曾经吃过的菜肴等等。三是风景如画。奥地利堪称"欧洲的绿色名片",有山有树,有水有云,是"旅行者的天堂"。其森林覆盖率已达到50%左右,是欧洲森林最为繁茂的国家之一。奥地利的森林依然保留着原始森林状态,其中用材林占64.5%,防护林占30.7%,环境林占3.6%,休闲林占1.1%,森林总储量为9.7亿立方米,是世界平均水平的2.3倍。奥地利的森林也经历了"自然完好—惨遭破坏—保护修复—可持续发展"的过程,现在已达到生态、社会、经济三方面和谐发展。其河水、森林、城市相拥,市内的自然公园、街头绿地、中心广场、小区休闲场所比比皆是。面积达1250平方千米的维也纳森林遐迩闻名;多瑙河的故事像其流域一样,早已超出今日奥地利的边界。四是法规健全。国家制定有《城市整体规划》《社会景观规划》等。严格的国家环境立法(始于1905年)成为增强国民相关意识、促进企业承担环保责任、促进大学科研机构技术创新的重要推手。奥地利70%的废物得到有效处理,垃圾桶已经分门别类——细分为纸张、电池、塑料、易拉罐、浅色玻璃、深色玻璃、有害垃圾等。奥地利有超过1600个污水处理厂,湖水可以直接饮用。其水力发电已占全部用电的60%以上。五是出行便捷。公交车、地铁、自行车、徒步随你选,就是开车的多有不便,停车位又少又贵。这里航空、铁路、公路、水运各有特色,1100千米的公共交通网四通八达,1300千米长的自行车专用道十分"亲民"。

维也纳联邦议会大厦

2 维也纳的崛起
Aufsteigen von Wien

追溯奥地利的历史,人们往往从始于1278年的哈布斯堡王朝(欧洲面积第二、人口第三)算起。许多人只记得始于1867年的奥匈帝国(人口5300万,1918年解体)。早在公元996年前后,历史上就出现了"奥地利"这个称谓(当时写作Ostarrichi)。其间,对奥地利有重要影响的事件还有:1699年后,维也纳逐步成为中欧地区政治、经济和文化中心;1742至1780年间,特蕾西亚皇后推行系列改革,维也纳从此奠定了其作为音乐中心的地位,海顿、莫扎特、贝多芬、舒伯特等在这里留下了不朽的作品。

维也纳曾经大兴土木,修建了一大批城堡和修道院,其中保留至今且成为文化名胜的有萨尔茨要塞(Salzburg Festung)城堡、福希腾石堡(Forchtenstein)、梅尔克(Melk)修道院、哥特维克(Gottweig)修道院等。

1814—1815年维也纳会议召开,奠定了其后约30年的"欧洲秩序"。1914年6月,萨拉热窝的枪声拉开了第一次世界大战的大幕。4年之后,随着一战的终结,奥匈帝国结束了其令世界瞩目的过去,也结束了王朝帝制,并于1918年成立了"第一共和国"。1938年3月,奥地利被强行并入德国。纳粹德国于1945年战败后,奥地利被同盟国和苏军分别占领,直到1955年奥地利宣布成为永久中立国之后,占领奥地利的各国军队陆续撤离,奥地利最终获得独立并成为今天的奥地利第二共和国。奥地利于1995年加入欧盟,又于1999年加入欧元区。

史学家们对这段历史虽然见仁见智,但基本史实如上所述。有一点是公认的:这个国家找到了符合自己国情的发展之道,其自身定位也很准确。

维也纳皇宫一角

维也纳市内的老城遗址

多瑙河畔的梅尔克修道院

哥特维克修道院

维也纳市中心的特蕾西亚女皇像

3 维也纳体系
Der Wiener Kongress

今天的人们经常关注在美国纽约的联合国总部发生了什么事情，或者在瑞士日内瓦的万国宫讨论某某热点问题。而在"国联"（1919年成立）或后来的"联合国"（1945年成立）之前，是维也纳会议确定了当时欧洲的格局，其影响至少到1848年欧洲革命前后。其间，奥匈帝国的梅特涅在维也纳城内的霍夫堡皇宫，其寓所梅特涅宫或维也纳皇家夏宫美泉宫顺利完成了一系列影响深远的事情。

2014年是维也纳会议200周年，那时我正在维也纳任职。记得当时维也纳举行了一系列纪念活动。人们对于发生在1814年9月18日至1815年6月9日间的事情回忆颇多。维也纳会议是由奥方倡议并组织的，其目的是重新划分拿破仑战败后的欧洲版图。当时的大会"不是在磋商，而是在跳舞"，因为基本没有什么真正意义上的会议，很多事情是列强间在非正式的会晤中搞定的。这也是为什么维也纳会议开了近一年的缘故。当时，除去城内的霍夫堡皇宫、梅特涅宫外，城外的皇家夏宫美泉宫也经常笙歌燕舞，灯火彻夜通明。会议最终签署了《议定书》，达成了欧洲形势的整体均衡。这种状况一直持续到1914年第一次世界大战爆发。

当年维也纳城内的霍夫堡皇宫是"主战场"，它的几个大厅终日灯火辉煌，一派热闹景象。而现在，这里既有国际机构如"欧安会"的办公场所，也是每年2月举办维也纳顶级舞会的不二选择。

当今奥地利共和国总统的办公室也在这里，其典礼大厅是各国使节递交国书的正式场所。笔者当时递交国书的场景历历在目，2012年9月12日，秋高气爽，白云飘飘，奥地利外交部礼宾司官员将我接到总统接见大厅——特蕾西亚大厅，在那里完成了隆重的递交国书仪式。

当年的重要会议场所之一——维也纳美泉宫，现在每年要在那里的庭院中举行"夏季音乐会"，其规模号称"欧洲之最"。2017年5月的"美泉宫夏季音乐会"现场观众高达创纪录的100多万人。这个数字在中国也许算不得什

霍夫堡皇宫——欧安会所在地

么，但不要忘记维也纳的总人口规模也不到200万人。2015年5月那场夏季音乐会令我难忘：一是要提前一周左右开始准备，搭舞台、安音响、试效果，当然包括座席的摆放、供电系统的设置、临时卫生间的位置等等。那日傍晚，我携夫人和往常一样在美泉宫庭院散步，见到一位音乐家正在那里一丝不苟地练习吹奏小号，他就像演出当天一模一样，那份严谨、认真和投入实在令我难以忘怀。二是平时不对公众开放的草地居然允许人们坐卧。音乐会当天，场内的观众多西服革履，政府成员、企业家、名门贵胄及其后裔多视此为社交活动的好机会。大家在正式演出前忙于打招呼和轻松交谈。据说当年维也纳会议时也是在这种"非正式场合"办成了大事。维也纳市正在积极争取将此"美泉宫夏季音乐会"办成与"维也纳新年音乐会"齐名的世界级音乐会，因此维也纳爱乐乐团成为其常驻乐队，并且每年邀请一位世界级的音乐大师担纲，比如中国钢琴家郎朗曾作为2014年夏季音乐会的钢琴独奏；2015年则由两位法国大提琴家拉贝克姐妹挂帅，主要演出柏辽兹、拉威尔等人的作品，最后以维也纳小约翰·施特劳斯的"维也纳人的气质"结束；2017年音乐会的主题为"神话与童话"，主要演奏德沃夏克的"月亮颂"、柴可夫斯基的"睡美人"等著名作品。

美泉宫夏季音乐会——草地上的听众

中国大使向奥地利共和国总统递交国书

4 第一次世界大战
Der I. Weltkrieg

维也纳军事博物馆外景

2014年，恰逢第一次世界大战爆发100周年（1914年7月28日—1918年11月11日），笔者又回到维也纳工作。奥地利政府为纪念这场给人类带来空前浩劫的世界大战举办了一系列活动。那场距今并不遥远的战争以同盟国为一方，协约国为另一方，是一场资本主义发展不平衡的战争。世界为此付出了巨大的人员和经济代价：30多个国家、15亿人卷入其中，3000多万人伤亡。奥地利纪念一战的原因主要有二：一是当时的奥匈帝国是参战的同盟国成员，而且战争爆发的直接原因是时任奥匈帝国王储费迪南于1914年6月28日在萨拉热窝（原奥匈帝国境内）被刺。费迪南王储当年乘坐的轿车、当时身着的军服等均存于维也纳的奥地利军事博物馆中。二是反思历史，珍惜当下。一战给世界带来巨大损失，奥匈帝国也不例外。尽管亲身经历那次战争的人们多已作古，但对新一代而言，萨拉热窝的枪声仍不时在耳畔响起。记得当时在维也纳夏宫美泉宫举办专门的展览，每日参观者络绎不绝，其中有很多年轻人，甚至有不少来自亚洲国家的游客。

当年奥匈帝国皇帝在此签署《告国民书》

5 独立与中立的奥地利
Unabhängigkeit und Neutralität von Östrereich

维也纳美景宫平台——签署《奥地利国家条约》之地

我在维也纳工作期间曾不止一次到美景宫散步，也不止一次听到1955年在美景宫花园平台上时任奥地利总统自豪地宣布：奥地利从此获得完全的独立。1955年5月15日，苏、美、英、法四国与奥地利政府签订《重建独立和民主的奥地利国家条约》，宣布尊重奥地利独立及领土完整，规定占领军从奥地利撤出其军队，确认奥地利法西斯组织的非法性，限制奥地利发展军事力量。同年10月26日，奥地利国民议会通过了奥地利作为永久中立国的联邦宪法，并与上述《奥地利国家条约》一起构成了奥地利外交政策的法律基础。10月26日成为奥地利共和国的国庆日，每年国庆日全国放假一天，同时举办各种纪念活动，其影响及意义可谓深远。

奥地利毛特豪森集中营中国遇难者铜牌

我深切地感受到上述历史事件对奥地利的影响是多么深远，奥地利人对独立和中立是多么珍惜。今天的奥地利之所以发展到如此富足，均来自于人们对两次战争的深刻反思，来自于对自身的正确定位。尽管历史上有过奥匈帝国，尽管奥地利曾经绑在希特勒战车上"风光""强大"，但历史是客观的，正义的事业最终必胜。经历过第一次世界大战、第二次世界大战那两场浩劫的人越来越少了，但是人们不会忘记两次世界大战的恶果。我记得，导游在介绍国家图书馆（原霍夫堡皇宫部分）上方的平台时，总不会忘记说一句：就是在那里，当年希特勒宣布奥地利并入德国。奥地利包括维也纳战后像德国一样被战胜国占领了10年，因此1955年才是奥地利第二共和国的新生之日。维也纳人并不忌讳谈及那段"不光彩的历史"。如果和一些70岁以上的受过教育的老年人谈及此事，他们大多客观地回顾历史，谈及奥地利为什么会并入"第三帝国"；如果是一些年轻人，他们没有亲身经历，但从前辈的教育、学校的书本中会知道那段"黑暗的过去"。2017年9月，我的朋友、奥地利前总统、现任奥中友协主席菲舍尔先生在北京外国语大学德语学院的讲演中特别提及那段历史，并提及奥地利在一战、二战结束时面对的状况。这也是为什么在维也纳以西100多千米处的原纳粹集中营毛特豪森（Mauthausen）每年5月举行悼念活动的意义之所在。每年此时，奥地利总统、议长、总理及部长、州长等均要到场，且不分党派。更有意义的是，21世纪初，中国驻奥地利使馆在那里设立了一块铜牌，以悼念在那里遇难的中国同胞。

中国在第二次世界大战中对犹太人的救助也是举世公认的。2017年，北京卫视热播电视剧《最后一张签证》，尽管那是文学性的、艺术性的演绎，但它所反映的历史（中国外交官在第二次世界大战期间冒死救助在奥犹太人）不容忘记。记得有位以色列驻奥地利大使找到我，商量为当年的中国驻维也纳总领馆设立铜牌事，以纪念当时为挽救众多犹太民众

维也纳全景——从上美景宫眺望维也纳

生命的中国领事官。时任联合国常驻维也纳工发组织总干事（中国人）、时任中国驻奥地利总领事的女儿也专程从大洋彼岸飞过来参加相关活动。我当年在上海市工作期间，曾多次前往位于虹口区的犹太人聚居区探访，那里被称作"小维也纳"。在1933—1941年期间，先后有约3万犹太人从德语国家通过种种途径来到上海，其中约2.5万人留了下来，为这座"远东的巴黎"做出了特有的贡献。

每当我在美景宫散步，看到孩子们无忧无虑地嬉戏、恋人旁若无人地热吻、老人在长椅上享受着阳光的温暖、游客倾听导游述说着维也纳的历史和未来时，我不由得想起那句名言："忘记过去就意味着背叛。"100多年、60多年都是弹指一挥间，如白驹过隙，尽管今天物是人非，但你是不是似乎还可以听到那时的声音还在耳边回响？就像维也纳人在向我不无自豪地谈及他们的心仪之城时总要提及的：站在上美景宫的狮身人面像之前，你可以拍到百年不变的场景，古老而现代的维也纳就在眼前。说它古老，因为它有着数百年的历史，而且在第一次世界大战、第二次世界大战中扮演着特殊的角色；说它现代，因为作为今日欧盟的重要成员，它既有最现代的技术，是许多"隐形冠军"的所有者，也是欧盟中不可或缺的支持者，特别是维也纳在地理上恰好处于东西欧之间，既有地缘上的优势，也有历史的影响，可以说她"东西逢源"。

第二章
维也纳的文化底蕴

Das 2. Kapitel
Kultureinzelheiten
von Wien

维也纳的音乐
Musik von Wien

　　本人是音乐的"门外汉"，但又是音乐的"铁杆"。身在维也纳，当然不能错过欣赏音乐的极好机会。西方古典音乐是人类宝贵文化财富的重要组成，它从中世纪一路走来，经历了欧洲封建社会的开始阶段（约475—1450年），那时所谓"圣咏调"（chant）居统治地位。此后便是欧洲"文艺复兴"的崛起（1450—1600年），音乐的"文艺复兴"也大体始于此时，主要在今天的法国北部，"五线谱"也始于彼时，大小调也基本形成。巴洛克时代（约1600—1750年）对今人已是耳熟能详了，期间欧洲音乐有了长足发展，出现了现今意义上的歌剧、协奏曲、奏鸣曲等音乐形式，其代表人物有维瓦尔第、亨德尔和巴赫等。而欧洲古典主义（1750—1827年）音乐，则出现在德国莱比锡人巴赫逝世后，乐风转向简洁、实用，其代表人物是"维也纳古典乐派"大师海顿（人称"交响乐之父"，维也纳东部人氏）、莫扎特（"音乐神童"，萨尔茨堡人氏）和大名鼎鼎的"乐圣"贝多芬（德国波恩人，主要音乐成就是在维也纳期间）。欧洲这期间也发生了天翻地覆的变化，代表世界音乐主流之一的欧洲音乐从对神的虔诚转向对理性的崇尚，欧洲古典音乐富有了更多的哲理内涵。更近一点的就是"浪漫主义"了（1827年至19世纪末期），人们把1827年贝多芬的逝世作为"古典主义"的终结，而浪漫主义是从诗歌"流"向音乐的，抒发内心情感是此时的基调，如维也纳的舒伯特就是浪漫主义的杰出代表，经过舒曼等音乐大师的发展，到柴可夫斯基、李斯特、瓦格纳等达到峰巅。而施特劳斯、马勒等则是晚期浪漫主义的代表人物。芬兰的西贝柳斯、挪威的格里格等一批具有"民族乐派"精神的音乐家更使世界音乐舞台色彩纷呈。19世纪末至20世纪初是音乐界"印象主义"的天下，其代表人物是德彪西和拉威尔。20世纪至今的音乐界更是"百花齐放"，呈现多元化发展趋势，新古典主义、无声音乐、噪声音乐、微分音乐、电子合成音乐等等标新立异。

　　其实，说了这么多，为的是厘清维也纳音乐大致的来龙去脉，从而更好地

维也纳街头的莫扎特像

理解"音乐之都"维也纳。远的不说,就说说生于斯长于斯的小约翰·施特劳斯和曾经穷困潦倒的舒伯特吧。我在维也纳期间,曾多次听到关于这二人的故事。更有趣的是,笔者第二次在维也纳工作期间曾住在多年前舒伯特租住的房间;而小约翰·施特劳斯的成名演出就在离我居所不远处的一间咖啡馆。

关于小约翰·施特劳斯,有两处值得一提的地方:

一是离中国驻奥地利使馆不远处有个城市公园(Stadtpark),那里可是施特劳斯家族的"风水宝地",从施特劳斯父子成名直至今日,每年夏季傍晚那里圆舞曲旋律不断。那里有一座小约翰·施特劳斯的金色全身雕像。

二是出奥地利皇家夏宫美泉宫西门不远,有一处在维也纳算不上十分气派的房舍,今天是一处小有名气的咖啡店。就在这里,小约翰·施特劳斯开创了他的"华尔茨帝国",若非门口的一块石碑和铜牌点明内中玄机,大多数游客都想不到这家咖啡店会有这样一段历史。

维也纳民间乐手

维也纳城市公园中的小约翰·施特劳斯像

维也纳施特劳斯成名的地方——现为一家咖啡馆

维也纳金色大厅外景

维也纳金色大厅

在中国人眼中,谈到维也纳首先是音乐,谈到音乐自然离不开金色大厅。笔者在维也纳工作期间,曾经多次接待国内客人,一个重要的话题就是音乐,就是金色大厅。其实,金色大厅是"音乐之友协会"中的一个最大音乐厅而已,是世界著名的音乐厅之一,是维也纳古老而又现代的音乐大厅之一。"音乐之友协会"共有各种大小的音乐厅4个(除金色大厅外,还有莫扎特厅、舒伯特厅和新音乐厅)。此外,该协会尚有一个档案厅,一个展览厅。

金色大厅因其形状特别,得了一个"长方形鞋盒"的雅号。据说这个形状一般难以平衡音色,但金色大厅却恰到好处地平衡了弦乐器和木管乐器的音色,不能不说这是它的绝活。该厅由当时著名的建筑师汉森设计,始建于1867年,

维也纳金色大厅新年音乐会

维也纳金色大厅顶部

1869 年完成，为意大利文艺复兴风格，外墙红黄双色为主，屋顶上有众多音乐女神雕像。内部装潢华丽、严谨，音响效果极佳，水晶吊灯美轮美奂。相比之下，音乐厅的舞台倒是较为简朴，甚至感觉狭小、陈旧。金色大厅约有 1200 个观众座位，后面有约 50 个站席。金色大厅于 1870 年举行首场演出。它的日常票价并不算高，根据乐团、指挥的知名度，一般从 30 欧元到百余欧元不等。从 1939 年起，每年 1 月 1 日举办维也纳"新年音乐会"，后因战争一度中断，1959 年重新恢复。现在新年音乐会的入场券是通过全世界乐迷网上抽签分配，然后付款取票。以前亚洲人中以日本人居多，但近年中国人越来越多了。

在金色大厅聆听顶级音乐会

在音乐之都，当然不能错过欣赏新年音乐会的机会，因为这里有得天独厚的条件。

"金色大厅"的大使专用包厢实在是太好了。有一则笑话：说是一位外国大使初到维也纳，得知有此包厢后便乐此不疲，每月数次前往。因为"音乐之友协会"每年会为大使免费提供贵宾卡，且每月免费给使节们寄送节目册。在一次与奥地利总统同坐这个包厢后，那位大使阁下向奥地利外交部礼宾司官员称赞道："谢谢给我们提供这个绝无仅有的机会，很荣幸能与总统阁下共用一个包厢。"没想到礼宾司官员回答道："感谢大使们的大度，让总统阁下能与大家共同欣赏美妙的音乐。"原来，根据最初订立的规矩，"音乐之友协会"仅为大使预定包厢，奥地利政府成员包括总统本人并无此特权，因此只能说是"借用"了。说到"新年音乐会"，最令我难忘的有二：一是 2016 年的那场音乐会，为纪念联合国成立 70 周年和奥地利加入联合国 60 周年，在那里举办了一场绝对顶级的音乐会：指挥为马里斯·杨森（Mariss Jansons），乐队当然是维也纳爱乐乐团，作品第一个就是奥地利当代著名作曲家施托尔茨（Robert Stolz）的《联合国进行曲》。当然，作为维也纳新年音乐会的传统，施特劳斯家族的作品占有重要位置。那次欣赏顶级演出至少有如下感觉：乐队极其庞大，乐手约在 90 人上下；乐手年龄多早 50 岁上下；指挥绝对世界一流，且十分投入。观众也颇有品位，男士一律西装革履，女士除精心打扮外还要披金戴银。在乐队演奏时绝无喧哗，只有当一个乐章结束时，观众才可以清清嗓子。音乐家精彩绝伦的演奏出神入化，首席小提琴的演奏细腻无比，轻重有度，一会儿似风，一会儿似雨，轻若抽丝，重似锤击。时任联合国秘书长潘基文夫妇作为奥地利总统的特邀客人专门飞到维也纳聆听了这场难得的音乐会。

金色大厅一个演出季（每年10月至次年6月）一般要上演700多场音乐会。每年夏季还有专门为旅游者准备的"莫扎特古装音乐会"，乐手们身着莫扎特时代的服装，头戴假发套，学着18世纪的样子登台、演出、谢幕，从而使观众不仅欣赏了美妙的音乐，参观了金色大厅，也领略了莫扎特时代的习俗。

部长的"大音乐盒子"

说维也纳的"空气中弥漫着音乐的味道"也许有点夸张，但是维也纳人对音乐的热爱确实是真的。这里且不说人们司空见惯的街头音乐家，不说遍布大街小巷的音乐课堂，不说从任何一个窗口传出悦耳的音乐之声，就聊聊我不久前亲眼所见的一位联邦部长办公室前厅硕大的"音乐播放器"。那日，谈完正事，部长送我至前厅，我想看一下此前发现并有些好奇的"前厅大柜子"。那是一个古典柜子模样的东西，做工极其精湛，上面镶嵌着美丽的图案，可它为什么会放在这里呢？部长先生看出我的兴趣和困惑，便兴趣盎然地解释起来：这个柜子其实是个大号"八音盒"，可以播放200余首乐曲，只要事先选好曲目并编好序号、上好发条，它就可以全自动播放，其音色几乎不亚于一般的音乐厅。我领教了什么是对音乐的挚爱，为什么这里是"音乐之都"。

维也纳联邦部长的大"八音盒"

2. 维也纳的绘画
Malerei von Wien

在维也纳期间，我曾不止一次去参观艺术史博物馆，并被博物馆宏伟的建筑气势所征服：恢宏的建筑在寸土寸金的维也纳占据相当的地位，石灰岩的外墙真的是百年、千年不倒，其上的雕塑美轮美奂，其庭院大气、优雅、壮观，令人肃然起敬，即使是美术门外汉也会受益匪浅。

在14—16世纪的欧洲文艺复兴时期，其著名代表人物是意大利的达·芬奇、米开朗琪罗和拉斐尔，著名的绘画作品《最后的晚餐》《蒙娜丽莎》等早已

维也纳艺术史博物馆展出的绘画

深印脑海。米开朗琪罗的建筑、雕塑传为经典,是文艺复兴时期的代表作。拉斐尔的圣母作品寓崇高于平凡,成为美和善的化身,被美术界推崇为人文主义的理性代表。而17世纪发源于意大利的巴洛克艺术逐渐风靡全球,它追求激情、运动感,强调华丽绚烂的装饰性,其代表人物如鲁本斯的作品在维也纳艺术史馆里居然占据了整整一个大厅,不能不叹其收藏之富有!记得有一次去探寻鲁本斯,那里静得如同音乐厅,一些学生模样的人潜心临摹。我在一位行家的指

维也纳艺术史博物馆中的雕塑和顶画

点下，终于知道了鲁本斯画作的特点。

　　维也纳的欧洲绘画陈列还有美景宫和霍夫堡皇宫，在那里我也了解到18世纪的欧洲绘画以洛可可风格为主，它追求华丽纤巧和精致；19世纪则是现实主义美术的发端，如农民画家米勒的作品淳厚真挚，多歌颂辛勤劳作的农民兄弟；俄罗斯的批判现实主义大师列宾等；还有法国的雕塑巨匠罗丹。记得当年罗丹的《思想者》陈列于北京中国美术馆前广场时也是万人空巷。该作品也曾在柏林勃兰登堡门广场展出，至今记忆犹新。维也纳艺术史博物馆可以让非专业人员在几天之内了解到欧洲绘画的发展，了解到"印象派"和"后印象派"

维也纳艺术史博物馆展品

的特点是反传统的,与古典学院派背道而驰。博物馆还将现代的光学、色彩学引入其中,更加注重光的效果。"后印象派"代表人物塞尚、梵高等作品也在展出之列。在展览中还能看到1905年诞生的"野兽派"(代表人物为马蒂斯)、1908年崛起的"立体派"(代表人物为毕加索)和1910年前后产生的"抽象派"(代表人是俄罗斯的康定斯基)。除了欧洲绘画,第二次世界大战后始于美国的"抽象表现主义"绘画、20世纪50年代后兴起的"波普艺术",都可以在维也纳的大街小巷找到答案,因为除艺术馆外,维也纳街头巷尾还有为数不少的艺术画廊。

维也纳艺术史博物馆内景

3 维也纳的舞会
Tanzball von Wien

维也纳的舞会场面

维也纳歌剧院舞会入场前

冬天里，维也纳人做些什么呢？维也纳人喜欢冬季运动——奥地利人都喜欢冬季运动。因斯布鲁克市曾于1964年、1976年举办过两届冬季奥运会。然而，请您一定不要忘记，冬天里除了冬季运动，还有市内的舞会。世界顶级舞会也在维也纳，这就是"维也纳歌剧院舞会"。

"维也纳歌剧院舞会"始于1935年，于每年狂欢节后的最后一个星期四举办，以高雅、奢华和名流荟萃著称，因此也被称作"欧洲最后一个上流社会的盛大节日"。参加这样的舞会被视为身份、地位的象征，特别在奥地利这样曾经的"奥匈帝国"。有人说维也纳有"三件宝"：新年音乐会、歌剧院舞会和西班牙骑术学校。论其奢华确也名副其实，因为歌剧院的布置确实花费不少。歌剧院为此要停止三天的演出，红地毯从里面的楼梯一直铺至正门前。每位参加者为此付出的费用高达数十万元人民币，包括门票（从200欧元到包厢20500欧元不等）、衣着（女士各种拖地长裙、男士全台黑色大礼服）、漆皮鞋（约200欧元）、发型设计（约100欧元）等等。这还不包括之前的晚餐、舞会进行中的小吃、舞会后的夜宵、打车的费用等等。一般而言，舞会开始前众人要到附近高档餐厅聚餐一次，话题无非是聊聊奇闻逸事，或者是当下的新闻；之后便三三两两步行至歌剧院，进入正门时一定"要像明星一样走在柔软的红地毯上"，听见闪光灯频频作响；之后便是按图索骥，找到自己的位置。这只是"奢华"的一面，事实上在这种场合见到各方面的"名流"确也非常容易，只是他们大多没有时间谈论正事。奥地利政界、经济界、文化界、媒体界等方方面面要人齐聚歌剧院，当然也少不了"遗老遗少"们。还有一个很大的看点是，获得奥地利各种勋章的人一定要在这种场合将他们的荣誉"公之于世"，"红白红"的勋带是那里最常见的颜色。说是舞会，其实意义已经远非跳舞，因为人多得根本无法跳舞，人挨人、人挤人是常态，人们似乎更加热衷于"看和被看"。所奏舞曲当然以施特劳斯作品居多。从包厢望出去，一群群舞者随着乐曲翩翩起舞，且多向左旋转（此为维也纳特有，一般右旋居多），甚为壮观。其主要看点历年大同小异：144对年轻人（16—22岁）的华丽舞蹈入场，完成"成年礼"；男高音献唱；展示由名家设计的"舞会皇冠"；到第二天凌晨5时左右的彻夜狂舞（约23点开始，6000多位嘉宾上场）。

其实，"维也纳歌剧院舞会"仅为维也纳舞会季节之一，此外还有"医生舞会""大学舞会""咖啡协会舞会"等等,其规模略低于"歌剧院舞会"。有趣的是,2014年6月维也纳西班牙骑术学校为自己成立周年而举行的一次盛会。在盛夏办舞会,可能也是维也纳的"奇葩"吧。

维也纳歌剧院舞蹈表演者

维也纳歌剧院舞会

K.u.K. 文化
K. u. K. Kultur

初闻"K.u.K."绝对会让人一头雾水。如果写全了（Kaiser und König），懂德语的人或许能想象出其中的含义。但它到底指什么呢？或许也不十分清楚。其实答案并不复杂：就是指始于1867年、结束于1918年的奥匈帝国，奥地利用前者（皇帝，第一个K），匈牙利用后者（国王，第二个K）。如果进一步解读，就是有关奥匈帝国那个时候留下来的遗风、遗训、遗老遗少及其后裔们以及相关联的一切。有些人将其与中国结束于1911年的清王朝作比较，确有不少相似之处。这或许有助于人们了解其中的奥秘。

有趣的经历是：身在奥地利，经常遇到一些语言难以阐释的事情，于是乎便闻：此乃始于K. u. K.时期；或曰此事自K. u. K.时期就是这样了，等等。你看，不能小瞧了这两个字！行走在维也纳街头，不经意中你会发现，某某建筑会标明"建于××××年"，后面常常加注"K. und K."；某某店铺（如点心店、咖啡馆或者专业铺面）会醒目地写着："本店始于××××年，K. und K."等等。

为什么K.u.K.影响这么大？原因如下：

一是距现在不太远。我们不妨从拿破仑两次到奥地利讲起，以及后来的维也纳会议（1814—1815年）、1848年欧洲革命，因为这些事件的影响迄今犹在且人们记忆尚清。拿破仑第一次打到维也纳是在1797年；第二次是在1805年，并且堂而皇之地在维也纳的皇家夏宫美泉宫下榻，而他遭遇败绩也是在离维也纳东边不远的阿斯庞（Aspern）地区，此事迄今尚为维也纳人津津乐道，一如1693年土耳其人长期围攻维也纳不下后留下一袋咖啡豆，之后竟衍生为远近闻名的"维也纳咖啡文化"。

二是彼时皇帝（国王）统治时间长、影响大。匈牙利的事情这里暂且不提，奥地利的皇帝可是大名鼎鼎，如茜茜公主（此时应该称作"皇后"了）的丈夫约瑟夫皇帝，如奥匈帝国的"末代皇帝"卡尔及其皇后、后裔。

三是那时的城市建设成就颇大，留存的著名建筑极多。它们大多集中在环城大道沿线，可供今人参观、使用。

奥地利的特有情结——K.u.K. 文化

维也纳的咖啡文化

"K.u.K."对老百姓而言，其影响主要体现在日常生活的吃、穿、行等方面。现今许多奥地利名菜始于彼时并被冠以大名，如一款有名的菜肴叫作"水煮牛肉"，据说当年老皇帝约瑟夫牙口不大好，精明的厨师选用上好的牛肉，并炖至恰到好处，再配以芥末、梨酱、小葱等，使之甜辣适口。老皇帝食后赞不绝口，连道数声好好好。此后便有精明人在维也纳开了连锁餐馆，主营"水煮牛肉"，生意好得一塌糊涂。在穿的方面，奥地利的民族节日颇多，每逢过节，男士便穿上一身笔挺的黑礼服或特有的民族服饰外加红白红绶带，女士则穿上考究的晚礼服、漂亮异常的长裙或典型的阿尔卑斯裙装，戴金挂银是必需的了。据说这也是 K.u.K. 的遗风所致。

5 茜茜公主
Sissi Prinzessin

在维也纳期间，一个不可回避的话题就是茜茜公主（Elisabeth Sissi），一个不容回避的人物也是茜茜公主，因为到处都是她的雕像。为什么人们会反复谈论茜茜公主？一是茜茜公主所生活的年代（1837年12月24日—1898年9月10日）离我们并不算十分遥远，茜茜公主的大名叫作伊丽莎白，原是德国巴伐利亚人。她1854年4月24日与约瑟夫成婚，一生有三个孩子，本可以继承王位的鲁道夫王子在维也纳不远处的皇家猎宫麦耶岭殉情。二是拍摄于20世纪50年代的电影《茜茜公主三部曲》的影响，电影中跌宕起伏的故事情节、绚丽多彩的画面、西欧、南欧、中欧的不同地貌及风光，特别是主人公精彩的故事。尽管人们普遍认为这部电影有点理想化的色彩，但它终究是引人入胜的，是人们对于美好事物的憧憬。茜茜公主真实的人生并不完美，她经历过太多的人间冷暖。童话般的茜茜公主只属于电影艺术，只在人们的理想中。现实中的茜茜公主一生堪称传奇，但与电影里的描写相去甚远。三是拍摄电影的那些场景迄今一如往昔。

我记得维也纳人曾不止一次问我：去过瓦豪（Wachau）吗？去看过克雷姆斯那座世界唯一的蓝白教堂吗？当他们听到肯定的回答后，便如释重负，然后兴致勃勃地说着伊丽莎白王后的奇闻逸事。无怪乎克莱姆斯教堂所在的下奥地利州政府非常乐于组织每年夏季的使节旅行。记得2015年那次是州长夫妇穿着民族盛装全程陪同，并特意安排我们从维也纳乘船游览多瑙河，在克雷姆斯处下船，在那里州长亲自讲解过去的故事，其中少不了中世纪发生在克雷姆斯后山杜伦斯坦古堡英国"狮心王被拘"和其仆人唱歌寻找主人的故事、瓦豪的白葡萄酒和茜茜公主的传说。可以说，瓦豪不仅仅是一个被列入世界文化遗产的风景区而已，她的湖光山色、她的人文地理承载着太多的故事，有的和历史有关，有的和茜茜公主相连，有的又和现代生活密不可分。

维也纳人民公园中的茜茜公主像

瓦豪地区的蓝白教堂

6 教堂文化
Kirchen Kultur

现今奥地利人信奉罗马天主教的占78%，信奉新教的占5%，信奉其他宗教的占4.5%，也有很多人没有宗教信仰。信教的人都很虔诚。一位多年友人的夫人早已退休，孩子已大，于是她便义务做住处教堂的管理员，每天乐此不疲：打扫卫生，布置场地，安排弥撒，遇到麻烦就与地方政府交涉。她甚至说服有艺术天分的丈夫为该教堂设计完成了金属雕塑。她在当地居民中的威信甚高。

欧洲宗教文化盛行，但凡大名鼎鼎的城市，总离不开一座有名的教堂，德国柏林、科隆、亚琛是这样，意大利罗马、米兰是这样，法国巴黎、里昂是这样，英国伦敦是这样，奥地利维也纳也是这样。连那些二线、三线城市也是如此，如奥地利的萨尔茨堡。而且，教堂的豪华与否与这个城市的繁荣与否有着直接的关系。维也纳的施特凡大教堂非常具有代表性，因为维也纳曾经是奥匈帝国的首都；萨尔茨堡市大教堂也颇具特色，非常壮丽，因为该市历史上曾经盛极一时。一位友人告诉我，尽管她所在的城市不大，但是因为历史上是达官贵人的修养之地，清泉潺潺，空气清新，碧空如洗，所以那里的教堂也是不差钱的，可以不断装修完善。

大凡到过奥地利的人，会注意到在教堂前都有一个牌子，那不是交通标志，而是告诉人们教堂的礼拜时间。每到这个固定的时间，年长者大多衣冠楚楚地出现，一般是深色正装或是传统民族服装，而年轻者寥寥，可见宗教在不同年龄段人心目中的地位。

宗教在乡村中的影响要远远大于城市。作为曾经的农业大国，农民是奥地利宗教信徒的主力。

维也纳人的婚礼一般在两种场合举办：一是宗教性较强的，就是在教堂里举办，有牧师主持，家人及亲朋好友悉数出席，新人需要根据宗教礼仪安排一切，当然少不了由童男童女作为"童子之身"的引导，最后以交换戒指结束。二是在市民局登记即可，举办一种纯世俗的婚礼。世俗婚礼除了没有教堂仪式外，其他的大同小异，相对来说，形式要简单多了。至于结婚照之类，则因人而异。我第二次常驻维也纳工作期间临近美泉宫，而美泉宫就是新人乐于拍摄婚纱照的场地。

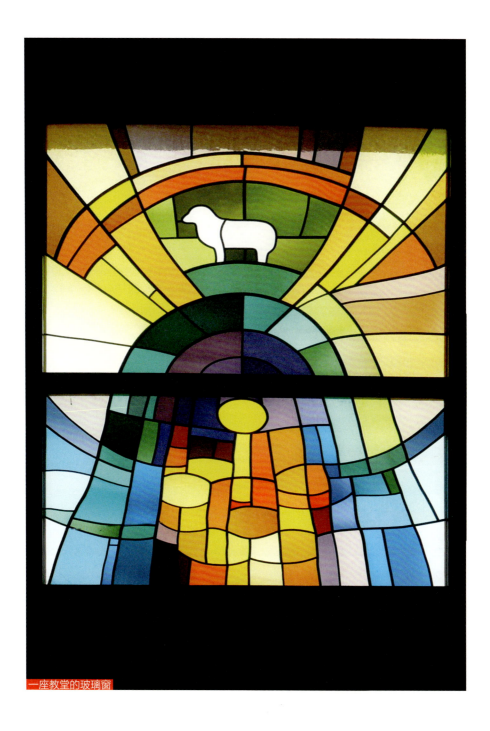

一座教堂的玻璃窗

教堂中的忏悔者

教堂婚礼后

乡村教堂的金属雕塑

7 维也纳的"中国元素"
"China Faktoren" in Wien

奥地利的中国牌楼

维也纳的四川饭店

街头舞龙

现在，在维也纳，人们在不经意中就会发现"中国元素"。不久前，维也纳评选了"最佳中餐馆"，这在30多年前是不敢想象的。记得我第一次在维也纳工作期间，中国的园林式餐馆"四川饭店"落成并投入使用，成为当时轰动一时的新闻。

其实，"四川饭店"的位置的确得天独厚，它恰好在维也纳多瑙河畔"联合国城"一侧，不远处的多瑙河滚滚东流，稍远的地方便是维也纳森林所在的卡伦堡山脉，山下是当年酒肆聚集地格林青。而维也纳进入21世纪后的大发展也主要在这一片区域。饭店的周边是一大片绿地公园，在其中散步、小憩何其畅快！如果你体力不错的话，你可以一直走到多瑙岛河心公园，甚至走到卡伦堡山。

每年春节前后，维也纳市长会专门为中国旅居维也纳的华侨华人举办中国"春节招待会"，而且越办越红火。记得第一次在选址问题上颇费周折，最后选定在维也纳市政厅内最为靓丽的典礼大厅。那里确实金碧辉煌，沿着主通道的红色地毯拾级而上，一种暖洋洋的感觉。维也纳市政大厅和欧洲的博物馆大厅真的毫无二致，走廊旁满是精美的雕塑，顶棚挂的是金碧辉煌的施华洛奇水晶灯，墙壁则是富丽堂皇的红色壁纸，上面挂着历任维也纳市长的油画像。主会场里，中间树立着中国和奥地利两国国旗。维也纳市长衣着笔挺，皮鞋锃亮，一条红色领带分外耀眼，在官员的簇拥下准时进入活动会场。他先和中国大使等人问候，然后逐一热情地和所有人握手问好，问候中国春节。

每年春节前后，华侨华人、留学生也会举办春节晚会，晚会的水准在逐年提高，当地出席人员身份也越来越高。晚会活动内容包括中国大使致辞、当地政要致辞、文艺演出、抽奖等环节。且不论晚会的水平如何，单单就其凝聚中国心、欢乐中国人、营造浓浓的中国气氛而言，那是无可替代的。记得2015年那一次，为了办好晚会，大使馆也专门出了节目；在维也纳艺术学院进修的中国指挥家专门与中国留学生爱乐乐团演奏中奥名曲；在维也纳小有名气的中国妇女协会等也出场献艺。

维也纳街头有越来越多的中国游客，有越来越多的写着中文的旅行大巴车。中国大使官邸就在皇家夏宫美泉宫一侧，它也使我可以更直接地见证越来越多的中国游客来到维也纳。那日，我在街头散步，但见上面大书"中国旅行社"的"大熊猫"车迎面而来！说到熊猫，它不仅是中国在海外的"友好使者"，也逐渐成为当地的"招牌"。此话怎讲？维也纳美泉宫动物园早已远近闻名，一是因为其作为"皇家动物园"历史悠久，建于1752年，原为哈布斯堡皇家所有，是现存世界上最古老的动物园之一，并且位于皇家夏宫美泉宫之中的西南角，地理优势自不待言；二是因为从21世纪初起，它就一直展出从中国借来的一对大熊猫，而且这对大熊猫每两年便为该动物园带来一次惊喜——诞生一只熊猫宝宝，2016年居然有一对孪生熊猫问世！现在该动物园已将大熊猫当作了它的金字招牌。

维也纳市长举办的中国春节招待会

奥地利华侨华人留学生春节晚会

维也纳街头的中国旅游大巴

美泉宫动物园中的熊猫招牌

8 电影《在桥的那边》
Der Film "Am anderen Ende der Brücke"

电影《在桥的那边》德文名称是：Am anderen Ende der Brücke。为什么要说说这部电影？因为它有太多的故事！该电影的中文名叫《珍妮的微笑》。这是一个真实、浪漫、跨度达70年的中奥之间的友好故事。

事情要从2012年秋天说起。那是我刚刚到维也纳任大使不久，使馆里面安排了一场特别的活动——与《珍妮的微笑》女主角的5个儿女团聚！这是一个特别的日子，因为电影描述的那种旷日持久的忠贞真爱中外少有，而这时一个真实的故事！一个维也纳的大家闺秀（名瓦格纳，德文Wagner），在维也纳滑冰场认识了中国来此培训的警官（名杜），于是开始了一场惊天地泣鬼神的爱恋，最终有情人终成眷属。瓦格纳小姐远嫁到中国浙江省东阳县（今东阳市），之后他们共同经历了中国的抗战、中国的解放战争和历次政治运动。电影中的一个场景令观众刻骨铭心：男主角用中国的传统轿子接新娘到东阳时，为使瓦格纳小姐平安过桥，新郎竟然驮着轿子一步步爬过了那座桥，直至桥的另一端；而女主角在送别她心爱的丈夫时，也是到桥的另一端。那日，杜家的5个儿女极其激动，谈到过去多年的经历感慨万分，他们和我一样为中奥关系今天的成就而点赞！

我这里不是在为一部电影做广告，我是为中奥关系、为中奥人们之间的友谊高歌。今天，中奥之间在相关领域的共赢合作为两国带来了实实在在的好处，两国在电影领域的交流也不仅是《在桥的那边》了，除了前面提到的《最后一张签证》外，近期还有中奥合拍的电影《雪之翼》，反映中奥合作培养滑雪运动员的故事。提到《雪之翼》，便不能不提到奥地利前驻华大使沃尔特夫妇及其女儿小沃尔特。他们都是我多年的老朋友、好朋友，对中国一片赤诚。因为小沃尔特学习电影专业，于是他们全家对中国的电影很有研究，曾不止一次倡导举办中国电影周活动，《雪之翼》就是由小沃尔特策划，由中奥两国电影工作者共同摄制完成的。

小沃尔特表示，中奥之间可以为2022年中国北京/张家口举办世界冬季奥运会共同尽力,这部电影就是前奏曲。我十分欣赏这一说法,因为我知道,奥地利虽然在欧洲是中等国家,但奥地利的冰雪运动绝对是世界强项,奥地利的因斯布鲁克曾是两次世界冬季奥运会举办地,其专业公司生产的冰雪运动器具、设施等堪称世界一流。

维也纳乌兰尼亚电影院

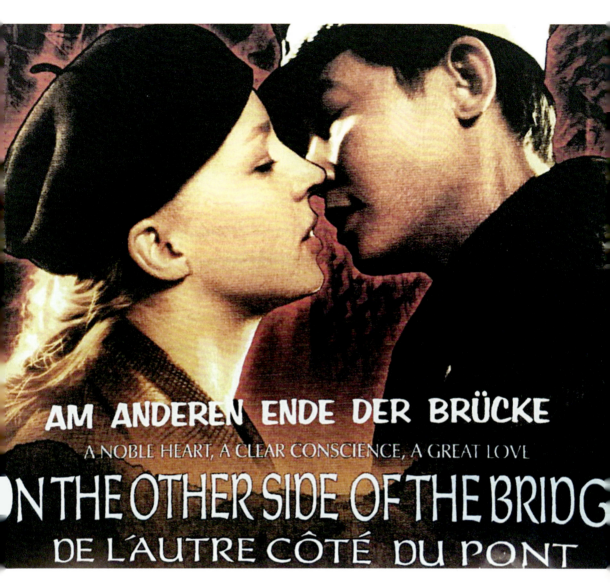

"在桥另一端"——中奥友谊之歌

施特凡大教堂和临近的现代建筑

第三章
维也纳的建筑杰作

Das 3. Kapitel
Meisterbauwerke
in Wien

施特凡大教堂
Stephansdom

来到维也纳的中国游客特别是学建筑的曾问我：为什么维也纳的建筑这么完美？这么有代表性？我说，我是外行，但是俗话说"外行看热闹"，我常年耳闻目染，特别是听了维也纳友人的津津乐道，在不经意中也略知了其中的奥秘。我在维也纳工作期间经常路过的环城大道，就有数不清的经典建筑代表作。

哥特式风格的施特凡大教堂（Stephansdom）巍峨矗立在维也纳市中心，已经成为这个城市的"名片"。无论你从城市的哪个角度看，总可以见到它的

维也纳施特凡大教堂

雄姿：它的外表端庄、震撼、庄严。其塔尖高达137米，位居世界教堂高度的第三位。该教堂始建于1197年，从13世纪后几经改扩建，使其含有哥特、巴洛克等建筑风格（14世纪完成教堂的哥特风格主体，15世纪南塔建造完成，16世纪北塔建造结束，而其内部则以晚期巴洛克风格为主）。教堂在第二次世界大战末期虽也部分受到破坏，但基本完好地保留了下来。1962年由九个联邦州出资共同完成了教堂的大修。施特凡大教堂卓尔不凡，又有着说不尽的各种故事，每天都吸引着众多游客前来参观。

施特凡大教堂内景

2. 奥地利国家图书馆
Nationalbibiothek Österreichs

奥地利国家图书馆（Nationalbibiothek）是原哈布斯堡家族皇家图书馆的正宗"继承者"，始建于14世纪，主要用于皇室收集手稿，包括莎草纸手稿、孤本、地球仪、乐谱、画像、图表、签名、海报、名人著作等珍品，1593年时收藏品已达9000件，现在收藏品已有740万件之多。1920年改为奥地利国家图书馆。

该图书馆的大厅堪称世界最漂亮的巴洛克式图书馆大厅，美轮美奂、精美无比，分明是一个博物馆的布置。它不仅富丽堂皇，而且是知识的海洋。我多次参观该图书馆，也顺带领略了图书馆的风姿，发现了其中的一些"秘密"。比如，图书馆内高高的二层藏书怎样拿取？因为为了美观，那里没有安装梯子。原来，在书柜的适当位置装有秘密通道，从外面根本看不出来，通过秘密通道可以上下并取拿书籍。奥地利的图书馆大多有这种秘密通道，比如位于多瑙河边瓦豪风景区的梅尔卡修道院图书馆，以及位于奥地利阿尔卑斯山区的阿特蒙德修道院图书馆，都有这种秘密通道。

奥地利国家图书馆内景（一）

奥地利国家图书馆内景(二)

阿特蒙德修道院图书馆

3 分离派艺术馆
Secession in Wien

在维也纳市中心不远处,有一个不会被错过的"金色圆白菜",这就是分离派(Secession)博物馆。早在19世纪末,一批维也纳艺术家在奥地利知名艺术家克里姆特的领导下,逃离所谓"保守的学院派",提出与传统的艺术风格决裂,成立了所谓"维也纳分离派",或曰"青春派"。他们在建筑、艺术、装饰等领域独树一帜,提出的口号是要"时代的艺术,自由的艺术","艺术应该合乎时尚,艺术应该获得自由"。如今,这个座右铭已经被刻在博物馆的门前。分离派著名的代表人物有克里姆特、席勒等。1902年,奥地利艺术家克里姆特为分离派博物馆绘制了长达34米的《贝多芬长卷》,堪称是贝多芬第九交响乐最精辟、最美妙的诠释。此外,就是著名的《金色女人》和《吻》。今天,在维也纳著名的步行第一街凯恩顿大街上开设了克里姆特作品专卖店,进得门去,但见到处是《金色女人》和《吻》的纪念品。

维也纳分离派艺术代表作《吻》

感恩教堂
Votivkirche in Wien

某日,我沿着维也纳环城大道漫步,不经意间便见到一座双尖教堂。据我多年在欧洲的经历,那里一定有故事。果然,待我细细观赏和查询,方知它竟然是一座奥地利皇帝为感恩而专门建立的教堂——感恩教堂(Votivkirche),这在教堂建筑史上确也闻所未闻!该教堂坐落在维也纳大学主楼不远处的环城大道旁,外墙材料是白色花岗岩,双塔直插云霄,塔身精致,雕琢精美,果然与众不同。话说1853年间,时任皇帝约瑟夫一世遇刺被救,为感谢"上帝的恩典",他的弟弟马克西米利安公爵(后来的墨西哥皇帝)筹资修建了这座教堂,于1879年完工,其传奇故事和新哥特式风格曾轰动整个维也纳,成为当时的一大新景观。

感恩教堂

5 皇家夏宫——美泉宫
Das Schloss Schönbrunn

美泉宫中的雕像

美泉宫是皇家的夏宫,前面已多次提到这处美丽而又规模宏大的建筑群。我第二次在维也纳常驻时,就居住在美泉宫东侧,几乎每日到那里散步。我的感受如下:一是每周必下雨。风调雨顺是上苍对奥地利的厚爱,是一种人人期盼的良性循环。我在奥地利多年,几乎没有一周无雨,没有一周不阴天。二是绿色为主,金色为辅。绿色是环境的主色调,植物大多是绿色的,而金色则是奥地利宫殿特有的颜色。美泉宫的绿色、金色尤为醒目,特别是她的后花园,放眼望去,一如绿色加金色的地毯,再加上红白红的花卉图案,真叫诱人。三是景观与自然的和谐。奥地利最高点在其西南部的大钟山(海拔约3787米),最低点在维也纳东南部的布根兰德州(海拔约112米)。美泉宫的海拔并不算太高,但它的地势起伏有致,建筑师依地势建造了动物园(欧洲最古老的动物园之一)和室内植物馆(欧洲大陆最早的铁和玻璃结构的建筑)。人们还可以登坡健步,直抵高处的"凯旋门",继而回眸一睹维也纳的靓丽风采。

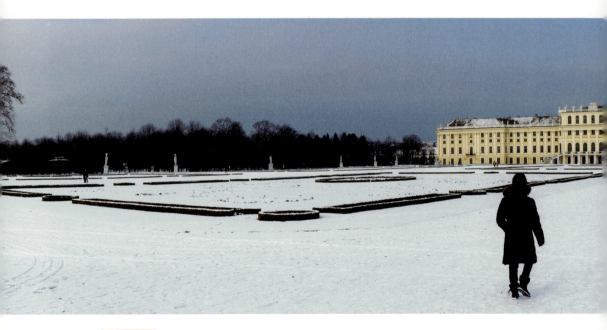

冬日美泉宫

美泉宫一景

美泉宫温室

霍夫堡皇宫

第四章
维也纳的规划经典

Das 4. Kapitel
Klasische Stadtplanung in Wien

维也纳环城大道
Ringstrasse in Wien

维也纳的建筑风格"百花齐放",在欧洲近现代建筑史上占有重要的地位。2015年适逢"维也纳环城大道"建成150周年,维也纳举办了一系列庆祝活动。该大道非常像北京的二环路,在原本城墙的基础上建成。这条大道堪称19世纪末城市建筑艺术的经典,可以和世界上任何一条大道媲美。1857年,约瑟夫一世皇帝批准了拆除维也纳老城墙、填平沟壑、修建环城大道的计划,建一条全长4千米、宽57米的景观大道。这条大道最后于1865年修建完成。当时,欧洲多国建筑师参加了环城大道沿线的建筑投标。在短短的40余年间,沿线的诸多古典主义建筑、豪华建筑相继落成,如意大利文艺复兴风格的国家歌剧院(许多大作曲家的名作均在此首演)、古希腊式的议会大厦、哥特风格的维也纳市政厅、城堡话剧院、霍夫堡皇宫建筑群、自然史博物馆和艺术史博物馆,还有在维也纳最具代表性的巴洛克式建筑卡尔大教堂、巴洛克风格的美景宫(亦名百乐宫)、以陈列克里姆特作品为主的分离派艺术馆、奥地利邮政储蓄银行等。

国家歌剧院

国家歌剧院(Staatsoper)是世界顶级歌剧院之一,是维也纳"音乐之都"享誉世界的标志性建筑之一,其前厅、侧厅均用大理石砌成,并装饰有精美壁画、音乐家和著名演员肖像。观众席共有6层,1600个座位。有人称之为"世界歌剧中心",因为世界一流的作曲家、指挥家、演出家、舞蹈家等曾在此演出。国家歌剧院始建于1869年,原名"宫廷歌剧院",顾名思义,是为皇家所有的剧院。1918年后改称"国家歌剧院"。第二次世界大战末期,维也纳国家歌剧院被炸,只剩下断壁残垣。在当年资金拮据的情况下,政府仍决定修复歌剧院,修复工程前后历时达10年。整修一新的歌剧院恢复了昔日古色古香、金碧辉煌的旧貌,但舞台已经现代化,配备了最现代的音响设施。

卡尔大教堂

　　卡尔大教堂（Karlskirche）是维也纳最重要的巴洛克式建筑风格的教堂。该教堂是卡尔六世皇帝为纪念战胜瘟疫灾害，于1713年始建，耗时20多年，于1737年建成。教堂高72米，宽60米，进深80米；正面为古希腊神庙风格，两厢则为意大利文艺复兴风格，上为铜制拱顶，颇似中国亭子，其左右两根凯旋柱则一如中国的华表，气势非凡。教堂之前是一泓清水，天晴日丽之时，倒影其间，蓝天白云甚是好看。从音乐之友协会大厅看过去，作为背景的卡尔大教堂别具一格，其红绿白相间的色彩令人难忘。

卡尔大教堂

维也纳国家歌剧院

议会大厦

议会大厦（Parlament）是维也纳环城大道旁的古希腊式建筑，始建于1883年，出自丹麦建筑师汉森之手。其门前立柱上方雕刻着弗兰茨一世皇帝向17个民族颁发宪法的场景；正前方的雅典娜女神像高达4米，雅典娜的手中是智慧女神像，雅典娜的脚下有象征奥匈帝国四条河流的雕像：它们分别是多瑙河、莱茵河、易北河和摩尔多瓦河。

顾名思义，这里是奥地利联邦议会（上院）和国民议会（下院）的法定处所。其中最值得一提的是她的大厅（也叫大理石柱厅，因有12根大理石巨型支柱而得名）和举行两会的场地。记得1993年初，国内一个高级议会代表团来访，因为人员众多，奥地利方面便将会谈桌子摆在了大理石柱厅中央，其场景蔚为

奥地利议会大厦会议厅

壮观。议会大厦是可以参观的，并且有训练有素的专职导游。议会大厦的保安极为严格，在国际恐怖主义盛行的当下尤其如此。

从2017年秋季开始，奥地利议会大厦进行战后最大一次维修，大约耗时两年。其间，议员们只好到不远处的霍夫堡皇宫上班了。

维也纳市政厅

在议会大厦北侧的市政厅（Rathaus）始建于1872年，是典型的哥特式建筑。关于这个市政厅，还有一段十分有趣的故事。建筑师认为，市政厅代表着市民的权利，因此应该高一些，所以最初计划建造100米的高塔。然而反对者认为，它不能高过旁边的皇家"感恩教堂"（高100米）。建筑师施密特先生灵机一

奥地利议会大厦大理石柱厅

动,将塔高设计为98米,略低于皇家"感恩教堂",但他又在塔尖上增加了一个高达3.4米的铜像,以此挑战当时居于统治地位的宗教皇权,其胆量可谓不小。

现今,这里是维也纳市长的办公场所,其办公室足够大。记得那次去拜访中国的老朋友、维也纳市长先生,在秘书的带领下七绕八绕才到达市长办公室。那里古色古香,却也金碧辉煌,看起来不亚于维也纳的任何一家博物馆,更不亚于奥地利联邦总理办公室。

值得一提的还有市政厅的内院、市政厅地下餐厅和通往二楼的红色地毯过道,这三者都是可以大书特书的:内院是维也纳的"一绝",外面看起来不大,里面却非常宽阔(据说这和过去根据门脸宽窄纳税有关),现在已作为内部停车场使用。维也纳市政厅的地下餐厅更是食客们趋之若鹜的地方,一是它可以提供地道的"维也纳美食",其菜单常常为大家所收藏,以便按图索骥,来一道真正的"维也纳大餐",二是它的大厅可以容纳200人左右,搞个活动绰绰有余了。通往二层的红地毯则是维也纳的"一道靓丽风景",据说走过它的人

维也纳市政厅市长办公室前厅

维也纳市政厅及前面的圣诞市场

会"幸福满满",不管怎么说,它确实使人一走不忘,实在是一种崇高的礼遇和难得的享受。

每年11月下旬到来年初,维也纳市政厅广场的圣诞市场热闹非凡,不少人慕名而至,主要是为了体验一下这里的节日气氛,顺便买点手工制作的圣诞饰物。如果冷了,来一杯热红葡萄酒(Glühnwein),点一份烤栗子或者烤土豆,实在是一种莫大的享受。每年元旦前后,维也纳市政厅前又华丽转身为超一流的室外滑冰场,尽管地方不大,但它的冰道曲曲弯弯、蜿蜒而去,足以让孩子们流连忘返。

城堡剧院

城堡剧院(Burgtheater)是一座典型的古典风格的剧院,其看点有二:一是它的建筑,除古典风格外,其大厅内华丽的顶画出自大名鼎鼎的维也纳"青年派"画家领军人物克里姆特之手,那时他还热衷于古典艺术。二是维也纳的标准德语均出自这里。记得当年一位演员大为风光,因为他是这个剧院的"顶梁柱"。剧院的剧目从莎士比亚到当代奥地利作家应有尽有,无论是欧洲古典名剧还是现代作品,这里兼容并蓄,堪称德语戏剧界的"麦加"。

维也纳市政厅的楼梯

城堡剧院外景

自然史博物馆和艺术史博物馆

在有"欧洲丈母娘"之称的特蕾西亚（广场）两侧，矗立着两座一模一样的宏伟建筑，这就是享誉世界的维也纳自然史博物馆（Naturhistorisches Museum）和"艺术史博物馆"（Kunsthistorisches Museum）。这两座于弗兰茨一世时期修建的博物馆无论从建筑形式还是艺术收藏方面均堪称世界顶级。如艺术史博物馆中的鲁本斯画作收藏量绝对是世界居首。记得有一位友人专程来此，就为一睹鲁本斯真迹的妙处。

特蕾西亚广场（Maria—Theresien—Platz）坐落在维也纳环城大道外侧，在霍夫堡皇宫的正对面。广场正中央是建于1888年的高达19米的特蕾西亚坐像。特蕾西亚是哈布斯堡王朝唯一的女皇，在位40年，是一位至今深受爱戴的"国母"。她一生中育有16个孩子，不少远嫁他国，因此人称"丈母娘"。在其下方，基座上环绕着不少著名雕像，他们多为当时著名的政治家、军事家和音乐家，少年莫扎特就在其中。

维也纳自然史和艺术史博物馆

霍夫堡皇宫（Hofburg）建筑群

霍夫堡皇宫（Hofburg）建筑群坐落在维也纳环城大道边，是哈布斯堡家族（1278—1918年）从开始直至1918年的奥地利皇宫所在地。期间不断扩建，迄今占地约24万平方米，有18幢楼房，19座庭院，2900多间房屋，素有"城中之城"的美称。其中，与奥地利皇族有关的展览有三个：它们是皇帝故居（Kaiserapartments）、宫廷银器和餐具展馆（Schausammlung der Hofsilber und Tafelkammer）、珍宝馆（Schatzkammer）。如果再加上前面提及的国家图书馆、茜茜公主卧室和西班牙骑术学校，这里没有三天时间是参观不完的。

霍夫堡皇宫内庭——使节递交国书后的阅兵处

霍夫堡皇宫最古老的大门——瑞士门

2 面向未来的社区——阿斯庞新城
Die neue "stadt" Aspern—Zukunftsorientiert

位于维也纳 22 区的阿斯庞（Aspern）新城被誉为"维也纳智能城市建设最佳实践项目"。它占地约 240 公顷，是目前奥地利最大的建筑项目和欧洲最大的在建城市开发项目之一。这个项目的建设周期为 20 年，总投资将达到 50 亿欧元。项目分为商业、研发、学校、居住和综合服务区等。根据项目发展规划，到 2028 年可容纳 2 万户居民入住，区域内共创造就业 2 万余个。第一批居民已于 2014 年 9 月入住。

我们决定去参观阿斯庞新城。那天尽管有些阴天，寒风习习，但一走进居

阿斯庞新城一角（一）

民新居，顿感温暖如春。我们参观了一家"新市民"，他家居室面积不算大，约有90平方米，但是分割得井井有条，加上主人全新的布置，感觉十分温馨。据说，这样的住房面积在整个小区中不在少数。他对于新房非常满意，毕竟搬出了老屋迁入新宅。他家有两个居室、一个客厅，再加上过道和地下室，这对一个三口之家已是绰绰有余了。社区内还有居民可以享受极其优惠价格的健身房、游泳池等设施。当然，对家庭主妇而言，少不了公共洗衣房、公共绿地、幼儿园、儿童游乐场等。

小区离维也纳市中心并不算远（大概20分钟车程），但项目的设计者已经把便利交通考虑在内了，一条地铁正在修建之中，新拓宽的道路也已成型。不久的将来，人们既可以开车经高速直达这里，也可以乘坐地铁便捷进出。在小区的物业会所，服务人员彬彬有礼，周到热情，小区的介绍材料一应俱全，且制作精美、新颖。会所房间内一尘不染，绿植摆放优雅到位，厕所里面干干净净，绝无异味，且手纸齐全。

离开阿斯庞新城前，我们特意登上小区的最高处俯瞰这个维也纳乃至整个欧洲的"代表作"。适时适逢雨后初晴，云开雾散，一道红日光芒四射，我可以看到小区内人员还不多，一些在建项目依旧机器声隆隆，一条通往维也纳的大路正在紧张扩建中，但是我似乎也看到了小区的明天，看到了它的未来。

说到阿斯庞，不能不提到拿破仑。拿破仑称雄欧洲多年，号称战无不胜。他曾两次打进维也纳，进入奥匈帝国的皇宫，进入美泉宫。然而，就是在阿斯庞这个地方，拿破仑却吃了大败仗。现在的奥地利人依然乐于讲述当初的战况，而一只受伤的石雕睡狮依然静静地卧在阿斯庞小镇。

阿斯庞新城一角（二）

维也纳阿斯庞"睡狮"

维也纳南郊拉森堡宫

第五章
维也纳的社会文明

Das 5. Kapitel
Gesellschaftszivilisation in Wien

社区力求贫富融合

Gesellschaftliches Anpassen von Arm und Reich

我的一位朋友原来住在维也纳老城区，距离老弗洛伊德的出生地不远。也许是由于家中增丁添口，原来的面积略显拘谨，也许是这个位于维也纳第2区、多瑙河畔的新建筑群太有诱惑力，作为维也纳市档案馆工作人员的夫人又执意要搬家，于是他们就搬了家。他们的新居真的很新：一是房间新，这点不容置疑。二是结构新，这点对于不懂建筑的我也异常兴奋，比如它开放式的厨房与客厅连为一体，感觉十分宽大，应该有40平方米吧，这无疑是新居的一大亮点，相比而言，卧室倒是十分小巧。三是环境新，环境经过改造，面貌焕然一新。

我这里特别要说的是，这个新区力求贫富融合，不搞"隔离区"。这个新区中，既有大面积的住房（200平方米以上），也有他们这样的"小康之家"（100平方米左右），还有更小些的（70平方米以下）。你可以根据自己的收入状况选择或大或小不同的房型，但你不会受到歧视。小区的公共设施为大家公用。那里的活动场所、儿童游艺场、洗衣房、绿地等一应俱全。维也纳政府的目的很清楚，就是要在城市建设中防止出现"隔离区"，不要再出现大的"贫富不均"现象。

我观察过那里的公共场所（如楼道），发现干干净净，没有半点杂乱之物。因为法律规定了住户可以干什么、用什么、做什么，而作为"公共场所"，容不得外人"入侵"——你不可以在楼道里乱放东西，不然，打起官司来，乱放东西的必输无疑。

社区融合——维也纳二区

奥地利居民区的分类垃圾桶

2 全民教育和传统文化教育
Bevölkerungsbildung und tradionelle Kulturbildung

"宜居城市"离不开教育。奥地利的教育制度和德国的极为相似，属于人们常说的"双轨制"，即：普通义务教育9年（6—15岁），职业教育3年，之后视情况进入高中或初级中学第二阶段，高中毕业者可以直接进入大学。换一种更直接的比较方式吧：学前教育（相当于中国的学前班，主要是交通规则和环保教育）、初等教育（相当于中国的小学，学制4年；还有一种特种教育主要针对弱智者）、初级中等教育（相当于中国的初中，学制4年）、高级初等教育（相当于中国的高中，学制4年）和高等教育（相当于中国的大学）。目前，奥地利的多数大学集中在维也纳，如维也纳大学、维也纳经济大学等，全国有21所国立大学、7所私立大学。其中，小学（4年）和中学（共8年）学习相对轻松，主要为培养学生思考、创新和解决问题的能力。笔者记得有一次旁听中学课程，大家就一个问题各抒己见，辩论激烈，而老师对各方的观点不置对否，只是对那些能够"自圆其说"的孩子予以充分肯定。另外值得一提的是，奥地利（当然包括维也纳）公立学校是不收费的，特别是小学、初中阶段，目前只是部分大学收取少量学费。

维也纳是世界音乐之都，维也纳的音乐教育自然可圈可点。一般而言，在奥地利就读中学，同时要兼读音乐学校，学生不仅可以享受音乐教育，还有机会接受著名音乐教授的指导。至于维也纳音乐与艺术学院（大学）则更是世界爱好音乐的年轻人的希望之地。我在维也纳期间，时常见到街头带着各种乐器的孩子奔向各自的"希望"。有的孩子十分弱小，他们拿着大提琴或者圆号的盒子还那样吃力，但他们是心甘情愿的，心中充满着渴望，这种精神实在是一种支撑。

记得 2013 年，维也纳新城市负责人找到我，说该市准备接待中国哈尔滨市中学生来访团，想安排学生到使馆来看看。我欣然同意。那天，孩子们兴奋异常，穿上了最漂亮的衣服，准备了最好的节目，奥方接待者当然也是精心准备，还带上了当地的著名手风琴手一展才华。事后，哈尔滨市教育局还为此次出访专门出了专辑，我认真阅读了全书，深感传统教育对孩子们潜移默化的作用之大，它可以影响到人的一生。

就维也纳而言，一是在平时、家中的"养成教育"；二是课堂上的教导。两者比较而言，前者的作用更是不可低估。我不止一次遇到这样的场景：孩子摔倒了，只要无大碍，自己爬起来继续走就是了；开门后，如果后面还有人，一定会等等再关门；行人靠右行走，这是约定俗成的，如果路窄，一定要让对方先过去；女士优先也大有体现，无论在饭厅（为女士拉开座椅）、在楼道（女士先上后下）、在电梯间（女士先进先出）等。在这方面，中国孔子学院在传播中国传统文化方面有着"特殊作用"。维也纳大学和北京外国语大学在维也纳大学合办的孔子学院已经小有名气，维也纳人对中国的传统文化心怀敬重，对孔夫子的道德修养大为推崇，他们常挂在口里的一句话是：500 年前我们还在"树上"（意为不够文明开化），而中国早在 2000 多年前就已经出了孔夫子。中国的传统文化如京剧、武术、气功、书法等在维也纳广受欢迎。记得那次我去维也纳孔子中心参观，首先映入眼帘的就是墙上的书法作品和京剧脸谱。

3 孩子的美德教育
Tugendbildung von Kindern

一则"救命通道"的故事（其实是实实在在的现实）足以说明日常中应该怎样对孩子（也包括成年人）进行美德教育。那是我第二次到维也纳后不久，一次下班时间，我开车从外地回城，发现有一块交通指示牌颇有意思，写着"Retungsweg"（救生之路）。开始时我并没有太在意，后来发现前面的车辆全都自动开到了左右两侧，中间足足留出了一辆车的通道。那可是下班的高峰时间，谁不想快些回家？然而，大家自觉地让出一条通道，那是以防万一的。后来我注意到，任何一条回城的路都有这样的"生命通道"，而且大家是认真遵守的。至于高速路的"紧急行车道"则从未见过有谁去占用它。

记得有一次去参观"SOS 儿童村"，孩子们在"母亲"的带领下为我们表演歌舞，虽然水平一般，但那种认真劲、那种对客人的尊重使我永生难忘。正是由于这种从小开始的、潜移默化的教育，我长达 8 年在维也纳生活、工作，却从未遇到从车窗向外抛物、先进门者不为后者拉门等等不文明举动。

维也纳幼儿园的孩子们

奥地利餐馆文化——夏日庭院

第六章
维也纳生活的
便利和舒适

Das 6. Kapitel

Angenehmes Leben in Wien

从街头餐饮店说起
Das "Fastfood" in Wien

维也纳步行街口的星巴克

　　第二次在维也纳常驻初期,总想发现一些不同。那日,行至维也纳著名的步行街凯恩顿大街路口时,发现不知何时,在音乐之都、咖啡之都维也纳最为繁华的街口,居然堂而皇之地出现了快餐咖啡店星巴克!后来,不少维也纳朋友谈及该咖啡馆,真实褒贬不一呢。反对者认为:这样一种"外来文化",绝非是"维也纳文化"的精髓,在维也纳黄金地段占有一席之地实在大错特错,应该改为"维也纳咖啡馆"才对,就像前文提到的"中央咖啡馆"或是"蓝得曼咖啡馆"一样,如果让"白水先生之屋"设在这里至少可以"理解"。赞成者认为,维也纳是一个"海纳百川"的都市,各种文化可以"百家争鸣",只要能存在为什么不可以?再说了,维也纳是个"旅游之城",既然各种纪念品在这条大街上可以林林总总的出现,为旅游者设计的"星巴克"有什么不合适?走累了就在这里小憩品茗,静静观赏维也纳的"芸芸众生和前世今生",不也是一种文化吗?然而,争论归争论,这家"快捷"的咖啡店至今仍然鹤立在街口,且每日顾客盈门。也许,"存在即合理"是真理。

街头快餐——热狗和麦当劳

　　说起热狗,忘不了美国的各种品牌和德国柏林136号店的咖喱香肠。而维也纳快餐的便捷、卫生、便宜、实惠也是她被评为"宜居城市"的重要标准之一。只要走在维也纳街头,无论你愿意与否,三五步间总会遇到热狗亭子、麦当劳餐厅(肯德基倒是少之又少)。它们共有的特点是:味道千篇一律(因此不必多打听)、卫生恰到好处(因此不用担心拉肚子)、价格可以接受(因此不必担心口袋中钱多钱少)。我注意到用餐者多为两种人;一是游客,二是来去匆匆的上班一族。一般的热狗餐饮亭子兼售瓶装矿泉水,因此购买者买一份热狗,再买一瓶矿泉水。当然价格肯定是略高于超市的,但还不至于不靠谱。至于麦当劳,口味自然"世界大同",一般是就地取材,但比起餐馆,其优势在于座位和环境。

奥地利餐馆文化———一个古老餐馆的内部

典型的奥地利午餐

典型的维也纳菜肴之一——皇家奶酪面疙瘩,这是老皇帝弗朗茨的最爱

维也纳西餐大菜——烤牛排

中式快餐的崛起

　　不知道从何时开始,中式快餐风靡了欧洲,也攻陷了"美食之都"维也纳。据统计,中餐馆在维也纳至少已有300家了。那么,中餐质量到底怎么样呢?至少有三点可以说说:一是中餐水平越来越高。俗话说,水涨船高吗,既然竞争这么激烈,那么"酒香不怕巷子深",谁家的菜肴够味、地道才是硬道理。中奥之间已经达成协议,每年有若干名受过专业培训的厨师会来到"美食之都"维也纳一展风采。二是中式快餐越来越多,从过去的正餐到现在的快餐,说明人多时间紧了,但对中餐的需求未减。过去只是春卷、炸丸子之类,现在发展到炒面、炒米饭、蛋汤等。三是"中式加亚洲式"受到广泛欢迎。不知从何时起,在维也纳普拉特公园不远处,一个繁华的交通枢纽处,开办了一家快餐店,名气越来越大,它的特色是食客随到随用餐,且交一个固定费用,就可以在那里的转盘上自取任何食品,此餐法颇有点日式的味道,但它是地地道道的中餐。

奥地利中餐馆

2. 蛋糕的故事
Geschichte über "Wiener Kuchen"

维也纳的蛋糕绝对有故事。你听说过一种蛋糕卖遍全球的事情吗？你听说过一种蛋糕很甜、很甜，但就是百余年不改口味，只为保持"皇家血统"吗（Sacher Torte）？听过歌剧《阿依达》的人可能不少，但知道"阿依达蛋糕"（Aida Kuchen）的人并不多。知道维也纳温泉的人不少，但知道以维也纳温泉地（Oberlaar）命名的蛋糕的并不多。若以产地命名，还有"林茨蛋糕"（Linzer Torte）、铁城的"海顿蛋糕"（Hyden Torte）；若以酒店命名，则有"帝国饭店蛋糕"（Imperial Torte）。一些著名糕点店还有自己的当家品牌，如 Zauner 的"皇家蛋糕"。如此等等，不一而足。

先说说闻名全球的"萨赫蛋糕"（Sacher Torte）吧。萨赫蛋糕得名于同名的豪华酒店（建于 1876 年）。其特点是巧克力和奶油的美妙结合，如果辅以一杯上好的咖啡，那绝对是一种绝美的享受。我的一位友人曾深深有感于一个难忘的场景：在冬日的阳光下，一位雍容华贵的老夫人端坐于窗前，面前小桌上摆放着一块萨赫蛋糕、一杯热气腾腾、香味缭绕的维也纳"麦浪汁"，旁若无人地阅读一份始于 17 世纪的《维也纳日报》。我的友人多次向我提及此事，难以释怀，感叹那位老者或是那家蛋糕店怎会有这样的心态。不要忘记，这是在 21 世纪的今天呀！其实，萨赫蛋糕也可以邮寄卖到全世界。另外，因其位置离赫赫有名的维也纳歌剧院不远，许多大牌明星在登台后到此小坐，顺便会会名人雅士，倒也两全其美。还有，如果你乘机抵离维也纳机场，你也很可能在那里见到它的身影：一种精致的木制方形盒子，配以暗红色的纸质提袋，那就是萨赫蛋糕了。

再说说类似的"帝国饭店蛋糕"。这款蛋糕除去和上述类似的故事外，我要聊聊它和国人多少知道的"金色大厅"的趣闻。帝国饭店建于 1863—1865 年间，属新古典风格，原为一德国贵族所有。他原本还想在现今"金色大厅"的位置上再建一座大花园，以直通不远处的环城大道和卡尔大教堂。无奈，后来该地块被征用作为建设音乐厅的用地。不满之下，该主人离开了维也纳。现

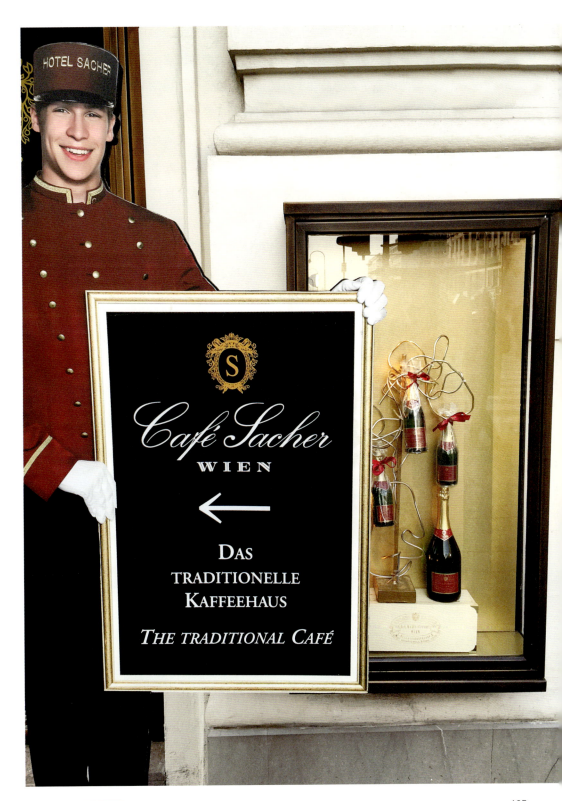

"萨赫蛋糕"的招牌

今，在金色大厅的节目单上常常有帝国饭店的广告，其中免不了提及"音乐会之后请到一街之隔的帝国饭店小坐"，当然少不了邀您品尝上好的帝国饭店蛋糕。1873年前后，因为维也纳要举办世界博览会，该贵族府邸便更名为"帝国酒店"了，从那以后，这里的名气便越来越大，当然其中蛋糕的作用也是功不可没的。以本人愚见，其蛋糕似乎更合当代人的口味，不那么厚重，且口味宜人。

奥地利人真的非常喜欢蛋糕，当然还有音乐和休闲，于是就有人将两者惟妙惟肖地结合在一起了，于是就有了和著名歌剧同名的"阿依达蛋糕"（Aida Torte）和同样货真价实的"奥博拉蛋糕"（Oberlaa Torte）。

奥匈皇家夏季避暑胜地伊舍尔的皇家点心店佐娜（Zauner）蛋糕也值得一提。它在全奥地利仅有两家，且全部在伊舍尔市。当年这里是皇家及达官贵人夏季必到之处，因此可以堂而皇之地冠以"K. u. K."的大名。该咖啡馆一家在老城的市政厅旁边，一家在清澈的伊舍尔河旁。这里的氛围和维也纳老城中的著名咖啡馆不相上下，甚至有过之而无不及。为什么这样说？一是其糕点的质量绝对上乘，均选用上好新鲜的原料，使用传统、保密的"祖母配方"、当日由主厨精心制作。二是其品种之多也超乎想象！据粗粗一数，应该有近百个品种。那日，笔者点的一款看家名点"皇家蛋糕"，的确色、香、味、形俱全，实在无可指摘。尽管笔者当时刚刚用过午餐，可还是胃口顿开。试想，当室外夏日炎炎时，点一款清凉的冰咖啡（Eiskaffee），要一份可口的点心，或静静地翻阅报纸，或与三两密友谈天说地，那是何等惬意？在飞雪飘飘的冬日，冒着寒风进入其中，来一杯著名的并不贵的"麦浪汁"（Melange）外加苹果派，那份暖意便瞬间充满全身……

海顿蛋糕

典型的伊舍尔 Zauner 蛋糕

3 咖啡、葡萄酒和"俺们都得乐"
Kaffee, Wein und Almdudler

说到维也纳的老城,不能不说说这里遍及大街小巷、四季飘香的咖啡馆。

2016年的"情人节"是一个美好的春日,又恰逢周末,在闲逛了维也纳最有名的步行街"凯恩顿大街"之后,我们信步来到不远处的这家上了《维也纳旅游指南》的最古老的咖啡馆。其实,它的内部装潢并不特殊,无非是墙上多了些旧时的照片,桌椅也略显陈旧。那里的咖啡也无特别与众不同之处,点心无非是维也纳常见的苹果派、萨赫蛋糕和提拉米苏之类的。但它的用料绝对到位,一是一、二是二,火候也是恰到好处,绝不含糊。这里要说的是它的氛围:尽管基本满座,但绝无大声喧哗、高声呼喊服务生之事发生,人们多是"窃窃私语",低声谈论,尽管那里不全是"情侣"。偶尔,你也能听到爽朗的笑声,但你随后会发现,出声者会小心地抬头四顾,然后压低了嗓门。那里的服务生不是"妙龄女郎",而是些年长的男士。据说,这样人们才有更多的"沧桑感"。

记得笔者第一次在维也纳工作期间,对一档高质量的时政访谈节目尤其感兴趣,因为在那里,约请的专家、学者、政客可以海阔天空、信口开河、谈古论今、一任思绪流淌⋯节目的名称就叫作"中央咖啡馆"。初见此名称,难免一头雾水,咖啡馆怎么和时事政治搞到了一起?后来搞清楚了,"中央咖啡馆"是一处实实在在的咖啡馆(Cafe Central)。

中央咖啡馆于1876年开业,其内部哥特式的建筑及美轮美奂的装潢名噪一时,19世纪末已成为维也纳一个极为重要的社交聚会场所。它在第二次世界大战中被迫关闭,直到1975年才重新开张,逐渐成为一个"消磨时间的地方"。因为它名气太大,历史上名人云集,从政治家、艺术家到皇家贵族,那句出自维也纳诗人阿尔滕贝格(Peter Altenberg)的名言"我不是在咖啡馆里面,就是在去咖啡馆的路上",恰如其分地道出了维也纳咖啡的魅力。迄今这位诗人的品着咖啡的全身雕像仍然稳稳地"坐"在门口,仿佛他还在那里冥思,随后便写出震撼人心的诗句。据说,当年那里的服务生均为40岁以上的人,他

维也纳最古老的咖啡馆

典型的维也纳咖啡——麦浪汁加水

们长期在此工作，了解客人的习惯：坐在哪里、喝什么、加不加糖等。关于这家（以及维也纳其他）咖啡馆的一则流传至今的佳话是：艺术家们尤其喜好维也纳的咖啡馆，例如贝多芬、舒伯特、施特劳斯父子等音乐大师、奥地利著名画家克里姆特、席勒，甚至维也纳有名的精神分析大师弗洛伊德，都是这里的座上宾，他们在咖啡馆构思甚至完成自己的伟大作品。正是由于这家咖啡馆的名气，于是有聪明人将"中央咖啡馆"的名字移植到电视台，于是便有了这台名气甚大的时政节目。

奥地利既不产咖啡，也不是大的咖啡消费国。据记载，维也纳历史上曾经两次被土耳其军队围困。第二次土军退却后，有人在战利品中发现了一袋袋的棕色豆子。众人大惑不解。后有智者更是勇者多方试验，终于发现了其中的奥秘，这就是人们口口相传的咖啡豆！再后来，经过多年尝试，反复添加糖块、牛奶，反复试验烹调方式、水温高低等，最终创制出不下10种各种口味的佳饮——咖啡。其实，咖啡只是一个极为泛泛的统称，如果在维也纳咖啡店，你向侍者说：来一杯咖啡。他一定站在那里不动继而友好地问你：先生（女士）需要什么品种的咖啡？如果你大惑不解。他（她）便会自豪地拿出咖啡单，开始逐一详尽地向你解释了。

大家知道茶始于中国、闻名于世，绿茶、红茶、普洱茶等等不一而足。可维也纳的情况好像恰好相反，不少名品并非源于这个阿尔卑斯山之国，但却从这里闻名于世。咖啡是个例子，葡萄酒也可以这样说，最后的"俺们都得乐"（Almdudler）倒是更像中国的凉茶，属于土生土长的阿尔卑斯山特产。

一次，款待国内来的友人，但几经周折，还是没有说清楚什么是Almdudler。情急之下，想起了中国的某种凉茶，于是便说这是奥地利的某某凉茶！结果皆大欢喜，友人似乎明白了那是什么饮料，但好像还不过瘾。那就按发音来吧，我说叫作"俺们都得乐"吧！你喝完之后一定会开怀大笑的。其实，这不过是一种产自奥地利阿尔卑斯山区的普通碳酸饮料，冰镇之后尤其爽口，因此夏天饮用更为适宜。因其原料来自阿尔卑斯山区，绝对天然、无公害、无添加、无污染，正合了现今的环保大趋势，因此备受欢迎。一个有趣的情况是：该饮料产量不能说大，仅仅在奥地利境内有售，首都维也纳当然是大户。令人感叹的是其包装：记得20多年前见到它时已是这样的装潢，浅黄色的液体，配以红色基调、穿着民族服装的舞者，此外似乎再无更多修饰。只不过近几年为适应更多人的口味，又出了"清爽型""儿童型""低热型"等等。

奥地利的红葡萄酒目前还竞争不过法国的品牌，质量可能还有些差距，当然产量也不够。但奥地利的白葡萄酒却是世界顶级的，特别是产自奥地利下奥地利州多瑙河畔瓦豪地区的白葡萄酒，无论从什么角度评价都是好酒。

奥地利有9个州，其中只有4个州出产葡萄酒，据说是因为天时、地利和气候的原因，它们是维也纳州（市）、下奥地利州、布根兰州和斯泰尔马克州。而这4个州又各有侧重。布州的红葡萄酒质量更佳，下奥州的白葡萄酒名气甚大，其他两个州兼而有之。有几种葡萄酒品牌乃奥地利特产，如白葡萄酒中的绿瓦伦蒂娜（Grüner Valintiner）等。

以两家中等大小的酒庄为例吧：基本是以家庭为单位，一般是父亲继承了祖业，于是其夫人、儿子、女儿也直接或间接以此为生。比如一家是其大女儿继承祖业，基本操持了全家的产业，熟悉葡萄从种植到酿酒的全过程，每天乐此不疲。倒是其年过六旬的父亲，不时稍有不满之词，对自己不能及时得到政府资助以及税收偏高颇有微词。他家的红葡萄酒倒是物美价廉，一瓶不超过10欧元，质量尚可，基本满足日常饮用之需。他家开有一家当地小有名气的"当年酒家"，其女儿还兼任"跑堂"，母亲兼任"甜点师"，忙时雇佣一大厨，倒也恰到好处。我记得我第一次在维也纳常驻时，曾去他家帮忙摘过葡萄，特别是采摘用于制作冰葡萄酒的冻葡萄是在12月初了，那份天寒地冻、那份冰霜挂在葡萄上的晶莹剔透，那感觉至今恍如昨日。据说，那年的葡萄酒产量奇高，冰葡萄酒也是得天独厚地成了当地一大新闻。另外一家情况略微好些，为什么这样说？因其儿子、女儿均为大学或葡萄酒专科学校毕业，后便进入家族企业并以此为主业了。这家生意更加兴隆、红红火火。尽管他们所在的地点不是在大地方，但因其经营有方，又引入了现代科学技术，解决了橡木桶和不锈钢桶的装酒问题，慢慢地远近闻名了。其瓶装红葡萄酒每瓶大约6欧元至29欧元。

维也纳中央咖啡馆正门

维也纳咖啡馆的咖啡研磨机

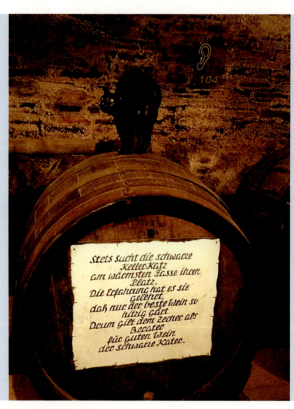

奥地利的葡萄酒产业

奥地利咖啡文化——各店都有自己的特色　　奥地利"俺们都得乐"的两种包装

现代化的酿酒车间

多瑙河畔的葡萄园

美泉宫庭院的旅游马车

第七章
维也纳的城市管理

Das 7. Kapitel
Stadtverwaltung
von Wien

老城保护
Schutz alter Stadt

文化遗产保护

老城保护既是一个法规问题,更是一个理念问题。因为与一般建筑文物保护不一样,古建筑保护首先是外部景观,包括千百年来的建筑形式,其整体上构成了城市的面貌,任何改变都不能损害这种"轮廓",而其后新建筑只能借助于建筑的艺术质量和新技术融入其中,"锦上添花"。因此,奥地利许多州、市制定了保护老城的法律法规,名曰《地方景观法》,许多州、市还设有"景观保护专家"和"景观保护专门会"。1972年,联合国教科文组织通过了《保护世界文化和自然遗产公约》,决定将"全世界特别有意义和价值的自然和历史遗产精选出来列入世界遗产名录"。截至2016年年底,奥地利已有9处文化遗产列入名录,而维也纳老城、萨尔茨堡老城赫然位居榜首。维也纳是欧洲古都,又是当今的"宜居之都",对文化遗产的保护自然可以大书特书。2003年在维也纳召开了"世界文化遗产国际研讨会",当时的奥地利总统亲临大会并致辞,可见奥方对这一研讨会的重视。事实上,维也纳多年来一直致力于按照1964年的《威尼斯宪章》和后来的《佛罗伦萨宪章》《保护历史城镇与城区宪章》精心呵护自己的城市,其中一个很重要的事情就是处理好历史名城和日益热门的"旅游热"。据维也纳旅游局官方统计,2017年1—6月到维也纳的游客达到700万人次,比上年同期增长4.2%。游客最多的是德国人和奥地利本国人,其次是英国人和意大利人。中国游客同期增长了45%,为17.5万人,是上述各国中增幅最大的。

古建筑、古城堡和旧货商店

"古旧"是我在维也纳经常听到的一个词语,而且是褒义词!为什么?我这里主要说三点:一是历史形成的市场,如市政厅前每年一度的圣诞市场、老城佛莱勇(Freiung)处的周末市场。二是几乎遍布老城古老街巷中的旧货门市。三是城堡(Burg),中世纪遗留迄今的城堡比比皆是。上面提到古老街巷中的

维也纳城中的古董店

古董店铺,其中大约三分之一是古旧书店,它们大多非常专业,换句话说,一名古书爱好者所能想到的这里都已经做到了:如果你喜欢古旧小说,这里应有尽有;如果你是一名宠物爱好者,这里的"狗专柜""猫专柜"不会让你失望;如果你爱好收集明信片,这里你甚至能发现古老北京题材的明信片。

一日,与友人行走在一条不知名的小巷,猛然间发现一个不大的门脸,居然是一家专售古旧石器、项链、首饰的古董店。走进店里,通过货比三家,讨价还价,友人买到了称心的挂件。

总之,到了维也纳,无论你的兴趣点何在,都不会让你失望,因为维也纳就是维也纳。维也纳究竟是什么,连老维也纳人也说不清楚。或者正如一句维也纳广告所言:Wien ist änders(维也纳与众不同)。但她究竟与众不同在哪里?只有见仁见智了。

维也纳街头随处可见的雕塑

人像雕塑是宜居之都不可或缺的"居民"

老街老巷

　　记得一位好友曾这样对我说,他好想在维也纳老城中漫步,随意欣赏那里的街巷、橱窗,走累了,就在街巷深处的一家咖啡馆坐下来小憩,也许不经意中他会走进多年前茜茜公主曾经来过的咖啡馆,会喝到贝多芬曾经喝过的同样品牌的咖啡。我说,这不是幻想呀,经历告诉我这是非常可能的。

维也纳老城

其实，但凡在欧洲小住过一段时间，你一定会喜欢上它的老街老巷，这里有欧洲的精髓、欧洲的生命、欧洲的历史和文化，就像北京的前门大街、南锣鼓巷、什刹海一样。维也纳的老城有点像我们的"帝都"，当然面积要小得多，海拔也略高，但是她的核心部分已经列为世界文化遗产了。

那日，我无目的地在维也纳老城徘徊，耳畔猛然间响起嗒嗒的马蹄声，放

眼望去，但见不远处一辆装扮绝对中世纪风格的马车由远而近。我忽然感到，这嗒嗒的马蹄声不是来自21世纪的今天，而是真真切切来自那遥远的中世纪。那赶马人身着中世纪的服装，一本正经地操着地道的维也纳土德语向乘客如数家珍般讲述着维也纳的来世和今生。

乘坐马车游览维也纳老城是一件非常惬意的事情，整个过程颇似北京的"三轮车胡同游"，大有回到过去的味道。我的一位友人不久前因为时间关系未能如愿，于是下定决心：下次若再来维也纳，一定先去乘坐马车游览环城大道，当一回"中世纪的主人"，补上这个莫大的缺憾。

这种穿行在维也纳大街小巷的观光马车德文叫Fiaker。几百年前，马车曾经是维也纳人最重要的交通工具，那时看谁家阔气，不妨看看他家是什么马车，就像今天看看你开的是奔驰还是费拉里，抑或罗尔斯罗伊斯什么的。那时有钱人家的门厅过道专门留有行走马车的步道，一般用上好的木材切成方块镶嵌在地上，马车行走在上面既可有效减少噪声，又能防止磨损马蹄。更有趣的是，维也纳的一种咖啡也叫Fiaker，据说那是专门为马车夫设计的。这款咖啡一是杯子便于拿放，二是含有少量酒精，以供马车夫暖身子。其实，现在赶Fiaker的马车夫们也绝非人们想象的"下人"，如笔者认识的一位区长本人，就在业余时间兼职"马车夫"，或者反过来，他是先当"马车夫"，再当区长。至于Fiaker的价格，马夫们根据观光者的行程和时间量体裁衣，总体也不算太高，如跑45分钟看15个景点要价60欧元。其实，若5个人乘坐一辆马车，20分钟40欧元的价格是不错的选择。

维也纳的马车驿站主要有三处：一是市中心的米歇尔广场，那里堪称"马车集散地"，你即使不乘坐马车，在那里也可以静静地观赏到各式各样的马车。今天那里也是人们拍摄马车的好去处，背景是皇宫大门或是步行街入口，不远处就有茜茜公主常去光顾的点心铺戴默尔（Demel）。二是施特凡大教堂一侧，那里因为是观光者必到之处，马车自然少不了。三是城外的皇家夏宫美泉宫前，那里绝对是拍摄中世纪马车场景的一绝：背景是当年米黄色的皇宫，前景是黑色或者白色、红色的马车，加上身着中世纪服装的车夫。有意思的是，因为笔者常常在美泉宫散步，拍摄了Fiaker的春夏秋冬，其中较为得意的一张是《秋天的Fiaker》，那种感觉实在是绝无仅有。

维也纳老市政厅铁门　　　　　　　　　　维也纳老城一家咖啡馆的门口

维也纳老城旅游马车

美泉宫秋天的旅游马车

铭牌的故事

某日，不经意间见到一处铜牌，上面写着：施特劳斯于××××年至××××年居住于此，并创作了著名的歌剧《蝙蝠》。在我居处不远，一条不算宽的大街上，一处并不奢华的楼房，墙上的铜牌上写着：斯大林居住地。

这样的铜牌很多。我发现，至少有三点挺有意思：一是铜牌为名人而立。像上面提到的施特劳斯、斯大林等人。前者作为"维也纳的市民"在城里有几处纪念地，他在世时不断搬家，施特劳斯家族在维也纳市内的几处故居我都拜访过。二是不分国籍和政治信仰，音乐家、哲学家、科学家等自不在话下。这也许是维也纳作为"中立国"的特色之一。三是铜牌的规格整齐划一，绝无大小、重要与否之分。后来我注意到，维也纳这样的铜牌有百余个。看来，活着的人们对于作出贡献的先人是念念不忘的。

维也纳老城下奥州州政府旧址铭牌

约翰·施特劳斯铜牌

奥地利邮政储蓄银行

建设文化
Bauwerke in Wien

工匠精神

先讲一个我迄今难忘的故事：有一天，我见到窗外不远处有一名当地工人在那里铺地砖，很常见的一个工作呀，没有过多在意。下班时，天色已暗，初冬时节又飘起了雨夹雪，使人感到初冬的寒冷，但那时橡皮锤敲打石头的声音依然清晰，那嗒嗒声所传达的似不再是冰雪寒冷，而是一种精神，一种真正的"工匠精神"，一种难能可贵的自觉性。

下面这幅图是一位师傅在人工吹制玻璃，瞧他的认真劲！

对色彩的偏好——红与白

如果你留心观察，维也纳爱美的女士喜欢穿红、戴红，爱车的男人不乏红色或者白色座驾；奥航飞机以红白为基调，奥地利总理府的信笺以红白为设计基础；红色的玫瑰花最受欢迎，红色的葡萄酒有很好的销路，红色的有轨电车在维也纳全城叮当作响。不久前参加维也纳一次非常正式的活动，那种场合常常被人们调侃为"Sehen und gesehen werden"（欣赏和被欣赏），可见其高雅之所在。来参加活动的那些拥有国家荣誉勋章的人，都无一例外地佩戴上以红白为基本色调的亮闪闪的勋章。最有意思的是美泉宫的花圃，花卉图案也是以红与白为主。

"红白红"的由来和奥地利的历史有关系。早在巴奔堡公爵时期，有一位将军英勇善战，所向披靡，在1192年的一次战役中奋勇杀敌、浴血奋战，虽然将士伤亡惨重，但最终战胜了对手，赢得了全胜。统帅那原本白色的战袍已然被鲜血染红，只是腰带悬挂佩剑处尚为白色。这是关于"红白红"流传最广泛的说法。在1786年时，红白红成为奥地利的战旗，1918年奥地利第一共和国成立时将此定为国旗，这样就有了红白红三色的奥地利国旗。国旗加上鹰图案是总统或政府部门的专用旗帜。

红色在维也纳更为流行，道理也不复杂：一是上面说的普遍原因，红白红

工匠精神——一丝不苟地吹制玻璃

美泉宫的花卉红白红图案

为维也纳人广泛认可；二是维也纳多年由奥地利社会民主党执政，该党的标志色就是红色，因此维也纳也被称作"红色堡垒"（rote Festung）。想来的确如此，如红色领带、红色丝巾、红色封面的宣传品等等，均是该党最常用的颜色。

大家知道新娘的服装多是白色的，因为那象征着纯洁无瑕。据说，车辆的最佳颜色也是白色，因为那样可以减少事故而且便宜。我就见到维也纳街头的车辆不少是白颜色的。

作为曾经的奥匈帝国的首都，维也纳的皇宫、行宫、贵族宫殿、博物馆多如牛毛。不要说我曾在这里常驻8年，即使一名游客，在这里停留一两天，你也不会错过这里墙上的红白小旗子。后来我发现，在皇宫等建筑物一定要有红白旗子和简要说明，说明内容包括建筑风格、设计师、建造年代、列入保护年代等等。这种标识又增加到博物馆及有代表性的建筑物上。它一般由国家或市政府设立，以示其权威性。这种标识对于旅游者非常方便。从胡同口望去，如果发现有红白小旗子，那里一定"有货"，值得你进去看看。这种标识不但在维也纳设立，在全国也是一盘棋，在整个奥地利随处可见。

奥地利人喜欢红与白

维也纳的红白标志

"厕所文化"

厕所原本是国人比较忌讳的话题，在这里我却要把它与城市文化挂钩，它的细节应该是文化的肯定与否的缩影，是一个民族前进与否的缩影。虽然不情愿，但不得不说，北京的硬件一点不差，差距就在软件上，在管理上，在多年如一日的坚持上。提出这个问题也是因为北京郊区一处原本很好的森林公园，那日"内急"，进入一处建筑外表富丽堂皇的厕所，却不得不掩鼻而出，因为那气味、那卫生实在不敢恭维。好在，后来当我再去那里时，发现那间厕所已经焕然一新，全新的装备、全新的设施。维也纳的厕所大都很高级，从设备到场地全部是一流的。

不久前，我读到一篇相关的文章，说的就是马桶的故事。我不由得想起维也纳人也是这样的：这里的马桶水箱都是看不到的，都被安放在墙内，这就有一个要求：水箱包括它的所有金属件至少要10年不坏！这是一种何等的自信！再就是它的卫生、它的手纸和它的做工。先说说卫生，一般在厕所大门里面有一个A4纸大小的塑料框子，里面是厕所打扫卫生的记录，标好时间、打扫者姓名等等。不要小瞧了这张纸，它可是管大事的。据我观察，那张纸是能够及时填写的。再就是厕所的手纸问题，它不是一件小事。其实，厕所纸值不了多少钱，但是它所反映出的确是城市文明和人的素质问题，是一个城市的宜居程度问题。观察一个城市的管理水平和能力，它的细节非常重要，这里提及的厕所的做工、装潢、手纸完备与否也是观察的细节之一，是不是具有"工匠精神"，这是极好的体现。

大凡到过维也纳旅游的人一般都少不了这样的经历，走进一家餐厅一定不会马上发现那里的厕所，你要找找旮旯犄角，那里一般隐藏着你要找的去处；再就是找找WC字样，循此而往，一般七绕八绕总能到达你要找的去处。于是，你可以得出这样的结论：厕所重要，对于一个餐馆必不可少，但一定要尽可能隐蔽些，最好不要让它出现在公众视野里。关于第二个问题，只有长期在欧洲生活过的人才会有此体验，即厕所和所在建筑一定要和谐一致！前面提及的白水先生的建筑是最好的例子。

在奥地利工作期间，笔者免不了去一些企业公务，自然少不了光顾他们那里的厕所，我的体会是和谐、卫生。前者十分耐人寻味，第一不在显眼处设立，第二不与总裁办等很近，第三靠近企业公共场所如会议室等，第四要与周边环境和谐统一（一样的颜色、一样的门窗等），第五要广为摆放绿色植物。至于一些特定的厕所则更有意思了，比如笔者曾到过一处装潢一如宫殿的厕所，奢侈到无以复加。笔者也进过虽然设计简单但非常有情调的厕所；笔者看过乡间普通厕所，那里只为"解决问题"，也进过豪华酒店的卫生间（注意，这里不再用"厕所"一词）。有一点是相同的：不要忘记不可或缺的厕所，从初期设计到后期装潢千万大意不得！不是有一句德语谚语吗：那地方，皇帝也要走着去的（Wohin, der Kaiser auch zu Fuss gehen muss）。

维也纳"白水"厕所

维也纳并不难看的"涂鸦"

"涂鸦"的故事

涂鸦是一种始于20世纪60年代、在美国纽约诞生的艺术形式。其发端或许是因为贫穷，因为那时一些生活在社会底层的人，未能从事或者发展自己的绘画潜能，便以涂料在不用花钱的墙壁上作画。这当然是再便宜不过的办法了。起初，对它的评价总体是消极的。但是，既然挥之不去、涂之不绝，可不可以看到他的"正面效应"呢？

记得20多年前，这种涂鸦作品并非随处可见，多是在阴暗角落，或是厕所、无人问津的旧厂区等等。而今天呢，竟然是在大庭广众之下，就在你的眼前，随处可见。如果注意观察和分类，大致有如下特征：一是有些作品水平不低，其内容既有抽象的，也有写实的，作者或许真是在表现自己的绘画潜能。二是有些作品多出现在荒郊僻壤，水准平平，显然是应景之作，无甚艺术可言。三是和现实生活有关，反映出一些人对一些事情的态度，这些大多是过往浮云、时过境迁之作。

据我观察，一些涂鸦甚至可以存在若干时日，这主要是在一些人们不常到

维也纳的"涂鸦艺术"

的地方,而有些则是较长时间存在的。当然,公共场合还是有所限制的,一般都比较干净,难以见到不雅的作品。记得,一日阳光明媚,春意正浓,我们在春天的多瑙河畔漫步,忘不了欣赏两岸佳境,享受着春日阳光的温暖,目睹河中间或行驶而过的驳船,耳畔似响起蓝色多瑙河那动人的旋律,无意间行至多瑙河一座无名大桥下,进入眼帘的竟是一片多彩的"涂鸦"!它们为什么偏偏在美丽的多瑙河边?什么人是这些"艺术品"的作者?记得那天我们讨论了很多很多,然而没有结果。还有一次,在离皇家夏宫美泉宫不远处,有一个小小的街心花园,它仅仅以所在街道、广场命名,竟然在绿地的机房上面也有不少颇具水准的"涂鸦"。这里,我似无权对其做出水准高下、是否应该的评判,但是这些"涂鸦"却也存在了若干时日,若根据"存在即合理"的法则,至少维也纳市在短期内没有采取什么涂抹措施。

"涂鸦"怎么管?是堵是疏?这的确是"宜居城市"的一个重要话题,而且"未雨绸缪"似比"亡羊补牢"来得更有用些。

3 交通管理
Verkehrswesen in Wien

维也纳人的交通方式

作为一个闻名于世的"宜居之都",城市交通管理是绕不开的话题,也是现实中百姓关注的大问题。我听说过不少关于北京西直门的"段子",听说过人们怎样献计献策,以解决北京通州"首都副中心"的交通问题。这使我想起自己在维也纳的日日夜夜,尽管那时我有公务车往返,但周末或闲暇时我更爱迈开自己的腿。因为我知道,维也纳的管理者们正在煞费苦心地解决"城市流动性"(即城市交通)的问题。根据维也纳市 2025 年发展规划,到那时维也纳人的出行使用私家车的占 20%,比现今减少约 7%;同期,使用公共交通、自行车等环保交通工具的比例将达到 80%。这使我想到一个问题,每年我们的统计多是"汽车产销增长了多少",而"宜居之都"呢,私家汽车却在日益边缘化。据维也纳市的有关统计,2014 年在城市人口明显增长的情况下,申领私家车牌照的人数却下降了 1.8%;同期,乘坐公共交通工具的人数却迅速增加,在一个只有 186 万人口的城市,持有公交年票的人数高达 64 万!

当然,城市管理部门为此是要付出代价的,首先要有财政支持和必要的雄心。一个城市要想管理好,必须解决好出行、环保、老城保护等一系列问题。早在 20 世纪 70 年代,维也纳老城一条商业街的改造曾经一波三折,反对者大有人在,他们的理由是"不习惯",直至不久前,几经反复论证甚至公民投票,这条街才得以破土动工,建成为禁行私家车的商业步行街,其中的甜酸苦辣只有天知道。记得第一次在维也纳常驻时,曾经频频被呼啸而过的汽车惊扰,而今这里环境安逸,绿树成荫,无论休闲还是购物,甚是惬意,已经没有人再怀念过去交通繁忙的情景了。用《维也纳日报》的一则报道说,没有人要强迫你放弃私家车,政府只是通过改善公共交通,拓宽和优化自行车道、行人道,使人们放弃不环保的交通出行方式,为市民创造更加舒适的休闲、购物环境。

维也纳的市政管理——自行车

维也纳现有公交线路 161 条，乘坐人次约 9.5 亿，其中使用地铁者最多；自行车专用道路 1364 千米；私家车共 69 万辆（其中近年兴起的电动汽车已有 930 辆），是私家车占有密度最低的首都城市（每 1000 市民约有 370 辆）。同 1993 年相比，趋势是越来越多的人选择使用公交出行，而且自行车不再仅仅是锻炼的工具；在旅游方面，2016 年来维也纳过夜人次已达 1570 万，在欧洲城市中排名第八。

有几点非常引人注意：一是便利的、实用的公共交通方式，主要是采取提高公共交通车辆的通达地点、舒适环境、正点率等。二是对私家汽车的"限制"，如采取提高停车费用、增加禁停地点等。换句话说，允许停车的地方均高收费，否则均为不许停车地点。三是大力发展"Car 2 Go"的租用。我的一位同事告诉我，他有过一次使用这种车辆的经历，因该车确实十分方便。四是中长途旅行主要靠巴士和飞机。欧洲的中长途交通非常方便，打"飞的"已是家常便饭。一般欧洲大城市间航班间隔均在 1 小时左右（如柏林和维也纳之间、法兰克福和萨尔茨堡之间）。

维也纳的城市面貌数百年来变化不大,至少在过去 50 年基本如此。那么,她是怎样实现人口、出行、居住、游客都不误呢?其中一个重要方面就是大力发展公共交通,限制并逐步减少私家车,公车是少而又少。我们且以乘坐公交车为例:车票分为单次票、24 小时 /48 小时 /72 小时票、8 天票、周票,价格分别为 2 欧元、7/12/15 欧元、33 欧元和 20 欧元。此外还有"维也纳卡"。现在各大城市都在推广类似的公交卡。"维也纳卡"的优势在于其刷卡后 72 小时有效,不记名而且可以无限次乘坐市内所有公交车辆,而且可以免费带一名 15 周岁以下儿童,在全市约 200 家酒店、餐厅、博物馆可以享受一定幅度的优惠。因此,"维也纳卡"现在是极受欢迎的。其实,若生活在维也纳,乘坐公共交通出门也是一大享受。先说说它的品种:有轨电车(德文叫 Strassenbahn)、公共汽车(Bus)、地铁(U—Bahn)和市郊高速火车(S—Bahn)。关于有轨电车,据说也是有几个多年不变:一是其准时性,准到甚至可以用来校对手表;二是其稳定性——多年不变的红色,多年不变的路线,多年不变的样式;三是其优先性——私家车如遇有轨车一律让行。管理者的理念是:离人们居住地步行 10 分钟路程必有一车站;转乘车亦然,不能有不便于行人的道路、坡路、步行梯等。因此,我在维也纳常驻 8 年,真的没有见过有人拖着大箱子上上下下的情况。不能忘记的还有维也纳的出租车,它们一般等在车站、机场、酒店、景区周边,起步价约 3 欧元,每千米 3 欧元左右,如果电话叫车就需要另加 3 欧元,晚间(23:00—06:00)则需付 30% 的附加费。

解决好"疏"与"堵"的关系

简单地说,就是创造条件,使百姓自觉自愿地放弃使用私家车,改乘公共交通,或者使用新能源车(第一步可使用混合动力车)。近 20 多年来,维也纳的道路没有大的拓展,停车场只收缩不增加,这是"堵"的主要方法。至于"疏"呢,维也纳人多数愿意住在近郊,因为那里的环境更佳,空气更好,交通也越来越便捷,且房价不高,房型更加合理。当然,维也纳也有"潮汐流"的问题。维也纳人也会抱怨堵车问题,但那与我国的大城市比起来真是"小巫见大巫"的事情。据我的亲身体验,一般乘车时间提前 15 分钟就能准时到达目的地。我 4 年间只遇到过一次堵车误事的情况,事后得知那是因为临时实行了交通管制。

维也纳的市内交通

维也纳的轻轨车

维也纳大力提倡电动汽车

安全保障
Sicherheit in Wien

警察的威严与可亲

我在奥地利并不经常与警察打交道，了解警察的途径主要有三：一是专门去参观；二是在街头所见；三是遇到特殊情况并求救。

先说说第一种情况，那次有幸去参观奥地利联邦特种警察的训练，印象极其深刻。他们无论是队列，还是专业（解救人质、徒手登高、滑索下楼等等），都无可挑剔。再就是参观维也纳特警，那份认真、那份自豪、那份敬业均令人敬佩。到维也纳特警处参观也是一种长知识的享受。那天的科目是：解救人质和救火训练。但见一个个身材高大、威猛的警员，身着黑色警察战斗装，携带警犬和各种器械，基本是徒手制服"歹徒"，但那一招一式十分逼真，令我等观众叹为观止。印象最深的是维也纳警察有一种说不出的威严，令人肃然起敬。他们大多也高大威猛，给人一种不可侵犯的感觉。

有一次维也纳举办全城马拉松赛事，很多道路戒严了。只见街头警车林立、蓝光闪闪、警员全副武装到位、虎视眈眈。我发现，维也纳的百姓对此一点也不紧张，他们悠闲地谈论着马拉松赛事，或者拖儿带女、手推婴儿车，像过节一样闲逛。

警察面对"难民潮"

2015年夏秋开始是维也纳的"难关"，大量的难民涌入奥地利，一时维也纳西火车站有被占领之嫌，东高速公路则成为"徒步者"的天堂，因为那时的难民大多越过斯洛伐克和奥地利的边界前往德国或瑞典，如果没有汽车等运输工具，就要靠双腿了。他们要走几十甚至上百千米以上，然后转乘火车从萨尔茨堡进入德国。萨尔茨堡市长曾亲口对我讲，那几天他几乎每天都无法睡个安稳觉，因为难民问题随时可能大爆发。我曾专门去维也纳西站看看难民问题的严重程度,发现警车随处可见,有些平时可以自由出入的站口也做了封闭处理,警车横在那里、蓝光闪闪;站内已是无立锥之地,但凡可以休息的地方均已横七竖八躺满了人;站外临时设立的"捐物间"熙熙攘攘、川流不息。

群众活动中的警察

  这里我想说说2015年维也纳举行的"农民丰收节"。该节是每年9月前后,农民为一年中主要收成完成后举办的一场大型活动,后来慢慢演变为奥地利人民党(农民为其主要成员)的大型活动,逐渐又演变为维也纳的"民众节日"了。该节原本带有农民感恩色彩,如今已逐渐成为农民展示自己的产品、促进农产品销售和流通的重要活动了。

  记得那日风和日丽、秋高气爽,其"主战场"在市中心的英雄广场上,那里早已人头攒动、人山人海了。除本地人外,节庆还吸引了国内外游客不下30万人。场地布置也颇具丰收特色:金色的麦穗、向日葵装饰着舞台,各种瓜果应有尽有,当然少不了维也纳人爱吃的香肠、奶酪。最高兴的还是孩子们,他们在脸上涂红抹绿,美得不知如何是好了。我注意到,那天居然有不少上年纪的人,他们显然是为传统活动而来的。警察如同执行一件重大任务,全副武装、荷枪实弹,警车在不起眼的角落里随时待命,还有救护车、临时移动厕所等等。他们一般是不会主动与人攀谈的,但如有问及,也会和蔼地回答问题。维也纳警察手中的枪支是真枪实弹的,但他们使用枪械都很谨慎,而且要严格按照法律的规定。我想起一次有趣的经历:某机构遭到围攻,示威者未事先申报即采取了非法聚集行动。警察在5分钟内到场,采取了"釜底抽薪"战术:不与示威者发生正面冲突,而是从人群的后面开始逐一抬走示威者。当前排的示威者发现自己成了孤家寡人,也就只好知难而退了。

维也纳备勤中的警察

维也纳警察学院——训练场景

值勤警察

维也纳群众活动中的警察

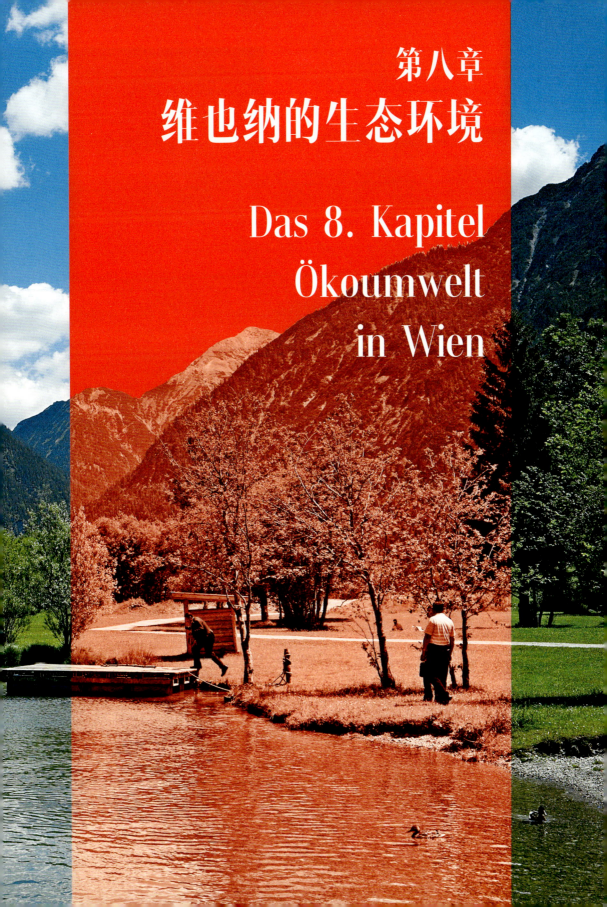

第八章
维也纳的生态环境

Das 8. Kapitel
Ökoumwelt
in Wien

优美的居住环境

Ausgezeichnete Lebensumwelt

维也纳森林美景

绿地面积、绿化

据官方最新统计，维也纳的城市绿化率已在50%以上，整个市区有约19平方千米的公园、绿地，近1万棵人行道树木，450种以上植物。维也纳人均绿地在18平方米以上，有2000多个公园、草坪和开放式庭院，这些均列欧洲城市之冠。打开维也纳地图，人们不难发现，在这个巴掌大的土地上，约4千米长、平均55米宽的环城大道像一条金色项链环绕这个绿树成荫的城市，中间点缀着星罗棋布的大小绿地，尽管市中心没有柏林那样大片的城中森林，但点缀在城市中的绿色绝不在少数。除皇城内的几处开放性公共花园外，最有名的就是城市公园了。城市公园是开放式的，不收门票，但设施一应俱全，是旅游者来得最多的城市中心花园之一——也许因为这里有小约翰·施特劳斯名扬海内外的金色雕像。维也纳北侧、西侧是绵延数百里的维也纳森林，蓝色的多瑙河从她的西北部蜿蜒东去。如果在夕阳西下前登上城市北部维也纳森林的制高点之一卡伦堡山，俯瞰整个维也纳，那景象一定让你终生不忘。

森林、公园、雕塑

维也纳之所以成为最佳的宜居城市，我想，她的森林、公园和城市雕像起到很大的作用。这三者尽管在其他欧洲城市也有，但是"维也纳就是维也纳"，或者正如维也纳一句有名的广告词所言"维也纳与众不同"。她究竟不同在哪里呢？维也纳首先是突出了"维也纳森林"的美好名声，突出了公园的公众性、便利性和绿色，突出了雕像的音乐家特性和多样性。

即使你还没有到过维也纳，也一定看过这样的明信片：一个巨大的、红色转轮矗立在绿茵茵的草地上，下面还有各色游艺设施，这就是维也纳有名的普拉特人民公园了。200多年来，普拉特一直是维也纳的地标之一（另一个是施特凡大教堂），远远早于英国的"伦敦眼"。"普拉特"在拉丁文是"沼泽"的意思，顾名思义，因为该地位于多瑙河和多瑙河运河之间，最早是一片湿地，总面积约1290公顷，东西长约10千米，历来是维也纳市民休闲的好去处。中世纪以来一直是皇家贵族狩猎之地，相信当年茜茜公主也曾经在此信马由缰。1766年，这里回到百姓手中，大家可以在这里尽情欢闹了，后来又发展起游乐场、小火车等一系列百姓娱乐项目。2016年夏季，这里举办了一系列庆祝活动：游乐场全部开放，直到晚间灯火通明，小火车每日在树林中穿梭往返，一路欢歌，还搭起了国际啤酒摊，堪比德国慕尼黑的"啤酒节"。

距普拉特公园近在咫尺的是维也纳第二大人民公园多瑙公园。它面积约100万平方米，建于1964年的多瑙塔矗立其间。多瑙塔是为当年举办世界园林博览会而建的，当年还没有多瑙河边的千年塔，这里就是维也纳的"制高点"（高达252米）。如遇好天气，在上面170米高的旋转餐厅用餐、喝咖啡是不错的选择，它每40分钟左右自转一圈，可将整个维也纳尽收眼底，欣赏蓝色的多瑙河丝带般静静流淌，目睹黛色维也纳森林的一望无际、绵延逶迤，远处的卡伦堡山也近在咫尺，还有那维也纳皇城隐约卧在一片绿色之中，煞是令人浮想联翩。

维也纳市内绿地

维也纳市内的人民公园

街头绿化、立体绿化

  一位友人租住一幢老宅的二层，正琢磨买点什么花卉来装点自己的窗台，不想房屋的主人来说了，鉴于此房为多年老宅，为能保持原貌和使人耳目一新，租房者可以免费使用房主专门准备的花卉，而且为了保证充足的浇水，房主负责为花卉配备由电脑控制的自动浇灌装置，而且水费由房主承担。非但如此，为了不影响租住者的工作，花卉修剪、浇水等工作可以由他们负责，作为租住者只要留下钥匙即可。看看，租房者不用费任何心思，鲜花和绿色便送到了窗前！你想，维也纳怎能不是满眼绿色呢？

  近年来，为了使"宜居之都"更加宜居，维也纳人更加注重突出"立体绿化"的概念，即公司、住宅等利用一切可利用的空间、平台种植绿色，使人们一眼望去处处可以见到绿。特别是在一些老旧小区，为了能够使原来的内院景

维也纳的"啤酒节"

色宜人，人们也是绞尽脑汁。这点同北京的四合院很像：维也纳的内城住房多呈"回"字或"U"形，临街一面是封闭的，其实它的内庭很深。为此，不少住户或者公司便打起了内院的主意。一种较为普遍的做法是：建一个"Lichthof"（且译作"阳光庭院"吧）。就是把内院加顶装修，让阳光直射进来，同时天棚可以移动，雨水太多则封闭，反之则打开。当然，绿植在这里是多多益善了。

　　维也纳市政府的投入、老百姓的自觉性、城市的干净程度令人瞠目。维也纳市最近提出为实现城市的发展规划、能源效率规划、市政生态采购计划等，维也纳市要走低碳发展之路，制定实施绿色标准，每年至少投入50亿欧元专款。维也纳市第二阶段《城市气候保护计划（2010—2020年）》包括37个项目、385项具体措施，涵盖了能源、城市交通、城市管理、垃圾处理、城市绿化、自然保护等多个领域。

维也纳普拉特的"大转轮"

维也纳的"四合院"——内院

街边绿化

城市绿化

2 环保行动
Aktion-Umweltschutz

维也纳的别称有很多，诸如"音乐之都""美食之乡""绿色之城""多瑙河的女神"等，不一而足。但是我慢慢发现，如果称之为"环保之都"，也是恰到好处。维也纳的绿地、街心花园占地达到四分之三以上，成规模的街心花园有 39 个之多，此外还有不计其数的儿童运动场、足球场等等。

垃圾分类

维也纳在环保方面的发展与欧盟的步调保持协调一致。欧盟于 2006 年发起了"绿色运动"，现欧盟 27 国包括奥地利在内的"绿色采购"已经占到其公共采购总额的 50% 以上，奥地利更是高达 60%。老百姓在环保方面有很高的自觉性，比如垃圾分类，居民区自不待说，一应分类垃圾箱俱全，也不会出现居民分好类，收集者又混装的问题。因为人人都是监督员，加之垃圾运输车辆也是分好类的。那么在超市门口呢？据我专门观察，那里至少有 5 个大大的分类垃圾箱，而且分为不同颜色，人们走出超市后，会将多余的包装（如纸盒子）分门别类地投入不同的垃圾箱，绝不混淆。

维也纳如此，奥地利的小城市会如何？郊野公园中的游人也这样自觉吗？答案是：那里同样很好！非但如此，连免费回收旧衣物、鞋子的专用大箱子也一应俱全。

垃圾焚烧

你见过垃圾焚烧厂像"艺术作品"吗？这似是一个奇怪的命题，但在维也纳，它已经名声在外了。我在维也纳，总有朋友问我：你见过白水先生吗？见过他设计的垃圾焚烧厂吗？

白水垃圾焚烧厂是艺术家白水先生（Friedensreich Hundertwasser, 1928—2000 年）的作品，始建于 1969 年，1987—1991 年改扩建。之后，它的外表再没有任何变化，其金光灿灿的球形建筑、五彩缤纷的外墙，在蓝天白云的映衬

利用废旧自行车做成的街头绿化小品

下给人留下极其难忘的好印象。这就是垃圾焚烧厂,而且至今依然挺立在维也纳市中心,烟囱冒着经过多重处理的白色无害水雾。是的,就是这个无粉尘、无异味、无污水的垃圾处理厂不仅"消化"了维也纳市的大量垃圾,还可以提供"衍生品"热蒸汽、热水及各种有用的固化物。因此,与其说是垃圾焚烧厂,不如说是绿色的景点。人们可以在专业技师的带领下依次观看主控室(金色大球内)、垃圾进场站(也叫原料区,味道不大好闻!)、初期垃圾分离站、垃圾分离传送站、垃圾分类焚烧站。印象最深的是,整个垃圾处理过程是密封进行的,全程分为25个程序,主要有垃圾分拣、焚烧、脱碳等化学处理、分离成分等,最终相对洁净的水回流到不远处的多瑙河,固化物装入专用容器,蒸汽、热水等输入维也纳热水管道。记得参观时我提出了一个问题:这样一个庞大的、日处理垃圾较多的垃圾焚烧厂需要多少人?对方神秘地一笑,没有正面回答我,只是说人员很少很少。因为,在整个垃圾处理厂的"中枢"主控室只有3个人,那里有数十台电脑终端,大屏幕上不断滚动着垃圾处理的全过程。人们真的不可以小瞧这个"艺术品",它和维也纳另外一个垃圾处理厂向维也纳约262000户居民和5300家企业提供热水和蒸汽;它提供的热气覆盖全市35%的地区,包括多瑙河东面的联合国城。其供热管线也是欧洲最长的之一,超过1000千米。这个垃圾处理厂已经不再是传统意义上的垃圾处理厂,和维也纳施特凡大教堂、金色音乐大厅一样,它已经成为维也纳一景。

  白水先生还设计了高速公路边的服务站、旅馆、公寓楼等。白水先生去世后,后人在维也纳市中心白水先生亲自设计的一栋公寓楼的底层建立了白水博物馆。

维也纳街头的垃圾分类箱

维也纳白水垃圾焚烧厂

白水高速公路服务区

3 纯净的水源
Ausbearbeitete Wasserquelle

　　我第二次到维也纳工作不久，宴请一位年过八旬的贵妇人。当问她喝点什么时，她说："给我来点自来水，要管子里的！"我一时不知所措，虽然我也算见过世面，但在堂堂宴会上直言"我要喝管子里的自来水"确是第一人！后来的经验告诉我，这并不是什么大不了的事情，因为在维也纳人的心目中，自来水，顾名思义，就是用来直接饮用的，而且是最健康的。这个理念我保存至今，相信在不久的将来，我们北京的自来水也是"开管即饮"的。

　　印象最深的是 2016 年那次探访距维也纳 100 千米左右的维也纳水源保护区。汽车沿 A2 高速公路一路南行，转眼间便驶上了乡间小路，然后是半山区、山区。我此前想：水源地不会在大城市内，但也没必要远离人烟。而我看到的是，在离维也纳仅仅百余千米处，竟然是一片放眼皆绿、崇山峻岭、杳无人烟、鸟语花香的水源地！

　　欧盟的《饮用水水质指南》是世界三大饮用水标准之一，是参照世界卫生组织相关标准制定的。它包含有 48 个指标，每 5 年修订一次，是欧盟各国制定本国水质标准的依据。它分别从水源地保护，饮用水生产、输送、监测和污水处理三个层面建立了高水质的标准。维也纳也出台了自己的水质标准，而且比欧盟的各项标准还要高许多，就奥地利全国的饮用水标准而言，要求达到"婴儿可以直接饮用"的标准！在我们还大力主张饮用瓶装水的时候，那边的一些环保主义者发起了"不喝瓶装水"的运动，因为在他们看来，瓶装水要消耗大量能源、材料、资源，而其卫生状况不一定比自来水好，特别是长期存放后水质会更差。在维也纳，大桶装的直饮水更是少而又少。刚才说到维也纳一位八旬老者饮用自来水的故事，使我对维也纳的自来水产生了兴趣。后来我知道，大约 90% 的维也纳人饮用自来水。因为他们认为，维也纳的自来水水质非常棒，而且价格便宜，开管即得，何乐而不为呢？联合国教科文组织认定，维也纳的自来水是世界一流的。

　　关于水源保护，可以追溯到 19 世纪末的欧洲。当时的奥地利皇帝为了有

维也纳水源地探秘

效地制止可怕的传染病再次发生,让属下去找一处未受污染且难以被污染的水源地。经过努力,人们在维也纳西南约100千米处发现了这个"圣洁之地"。于是,皇帝下令修建一条长约100千米的输水管道,翻山越岭,修路架桥,划出保护区,建成今天这处难得的水源地,终于将山区清泉引入维也纳,使后人受惠至今。后来,维也纳人又修建了第二条引水管道,它们保证了维也纳家家户户饮水安全,也保证了维也纳处处可见清泉。换句话说,街头的泉水是可以饮用的！那些不适合人们直接饮用的（主要用于宠物）均有标注（kein Trinkwasser）。我们探索维也纳饮用水源地印象最深的一件事是，水源地的值班者打开平日难得进入的地下水源大门，让我们沿着水流逆行而上，那种感觉今生少有。这里恍如地下水宫，清澈的地下水先是慢慢流淌，继而汇成大河一般哗哗流淌，但见浪花飞溅、清凉刺骨。在门口处，我们舀起一杯清澈、甘甜的原水，那味道、那感觉实在绝无仅有，胜过我迄今喝过的任何饮料！我当时

格蒙登湖

提出疑问：源头如此清凉、干净的水质，经过近百千米到达维也纳后会怎样？还能保持这样的质量吗？答案是肯定的。值班技师告诉我，他们每隔数千米便有一处检验站，每天 24 小时负责水质上百个项目的抽样检测，以保证水质不受污染。一旦发现异常，将会立即启动相应的处理措施。其中很重要的一点是确保水温的问题。经过长达 16 个小时的管道输送，在进入维也纳时，水温仅仅高出水源地约 2 摄氏度，这是世界上迄今民用水温最低的，的确不容易。要

保护水质，政府是下了大本钱的，除了上述措施外，还采取了诸如沿途修建水质监控站、将原本私人土地花重金买为国有加以保护、修建水源区护栏等等，主要目的在于去除地下水中的硝酸盐、农药等有害物质并防止人为污染等。由此可见，管道地下水是经过天然过滤的，如果没有人为污染（维也纳水源迄未发生过），本身是十分干净的。

"宜居之都"维也纳的水主要来自百里之外的雪山（Schneeberg），如果再往西约200千米，就是奥地利有名的湖区风景区了。为什么要提到这些呢？如果我们看一看奥地利的地图，多瑙河从德国的帕骚（Passau）进入奥地利，在奥地利境内长约350千米，这条"奥地利的母亲河"流经瓦豪地区后进入维也纳，从"宜居之都"西北方擦边而过，继而进入斯洛伐克一路向东而去。奥地利的地势自西向东逐渐降低，维也纳是一个盆地，得天独厚的自然条件与奥地利西部的湖区有着千丝万缕的联系，因为湖区的奇特地貌、特殊高度、特有气候均对维也纳的气候有着不小的影响。

比如格蒙登湖，早在公元1500年前后，这里就是"白色黄金"盐业贸易中心，从附近开采的食盐经过这里再转运到其他地方，18—19世纪初盐业经济渐渐衰落后，这个阿尔卑斯山下的小城并没有因此一蹶不振，而是凭借其优越的地理环境和自然环境，于1862年建成度假旅游疗养胜地。格蒙登也被称作"帝王之城"，因为从19世纪开始，这里优美的湖光山色吸引了不少皇亲国戚、文人墨客，他们到这里修身养性、呼吸难得的好空气。莫扎特曾经在此居住2年，构思并写作《费加罗的婚礼》《唐璜》《魔笛》等一系列享誉世界的名篇。有"奥地利轻歌剧之王"之称的雷哈（Franz Lehar）的乡间别墅就在不远处的巴德伊舍尔（Bad Ischl）地区，该地区也是远近闻名的奥地利唯一的国立摄影博物馆所在地。

维也纳的水质好与湖区不无干系，无怪乎不少国内"驴友"在品尝过维也纳的自来水之后，一定要到湖区看看，其中除去格蒙登外，就是哈尔斯塔特了。人们对哈尔斯塔特的喜爱可从一句流行语中看出：爱一个人，一定带他（她）来哈尔施塔特，因为这里有爱；恨一个人，也要来哈尔斯塔特，这样你就不会再恨他（她）了。

哈尔施塔特的早春

4 天空与空气
Himmel und Luft

以云村为例——天空

人称"风的奴隶是白云",我说"白云是蓝天的情侣"!维也纳的云彩是优美、多变的,是蓝天不可缺少的伴侣。

记得我早年对天空中的白云朵朵遐想万千,甚至还拍摄过不少。来到维也纳后,朋友说起在维也纳北面有一个叫作云村(Wolkerdorf)的地方,说是那里之所以叫这个名字,确实名至实归:除去阴天,那里一年四季白云翻滚,天空犹如海一般湛蓝,云彩就像海上的浪花恣意滚动、任性翻滚。既然有蓝天和白云,空气自然清新、舒畅。当然是百闻不如一见。一个周末的下午,我开车一路向北,大约30分钟就到了早已耳闻的云村。我的第一印象是:天空好像低得就在眼前,白云似成熟的棉花,唾手可及。白云在瞬间变化无穷,忽而似驯服羔羊,忽而似发情的猛兽,忽而又像撕裂的白纸,忽而变为平铺的床铺。这样的蓝天和白云,真是美不胜收!

以维也纳森林为例——空气

周围都是那么好的环境,维也纳的空气当然就很好了。维也纳不必公布空气中的PM2.5含量,因为维也纳没有这个必要。维也纳的天气预报只是告诉你:今天最高最低温度多少,明天有没有雨雪,如此而已。

其实,良好的空气质量得益于几个方面,比如良好的能源来源、纯净的水源、良好的土地保护等等。维也纳是将治污减排作为一个原则或者说法律来对待的,而不仅仅是一种理念而已。说得直白一点,不论何人偷排污水,都是要负法律责任的。因此,能源提供者包括超市的经理,不能仅仅提供能源或者商品而已,要考虑到在提供能源或者商品之后该做些什么。因此,超市的门口多要设立分类垃圾箱。想来,笔者住处的附近就有一个不大的连锁超市,但它门口的分类垃圾箱可是硕大无比的。我曾不止一次见到走出超市的市民把不需要的包装(过度包装也是一个全球性的大问题)分门别类放置到不同的垃圾箱中。这就是那个原则：发展经济的同时必须兼顾环境，如果短视，急功近利，只想挣钱，付出的代价要几倍的金钱、几代人的付出才能弥补回来。我记得维也纳作为"宜居之都"有一句宣传词非常打动人，叫作"让大自然呼吸吧"（Lassen die Natur aufatmen）。只有大自然呼吸好了，我们人类及一切生物才能呼吸好。

维也纳北郊——云村

维也纳的森林

5 乡村美景
Schöne landschaftliche Aussichte

　　这里以"扑克村"（Pokersdorf）为例。历史上，扑克村是维也纳通往西部林茨市（约170千米）、萨尔茨堡市（约300千米）和进入德国帕骚市的第一村，也是维也纳西部的第一个驿站。其实，在今天的意义上，这里已经不能算作村庄，因为这里已经基本见不到"村民"了，倒是更像一个市镇。村中心照例是高高矗立的教堂，围绕周边的是村里的主要建筑：政府办公楼、商店、银行、学校、幼儿园等。扑克村不大，方圆不过3千米，周边又是田地、森林和草场，奥地利第一条高速公路——西高速公路从它南侧穿过，带动了周边的商业，一座中等的购物中心（Auhofcenter）已经建成，那里熙熙攘攘，周末也是人头攒动。据笔者观察，顾客来此似乎并不全为了购物，至少一半人更在意在这里"休闲"。他们夏季静静地坐在那里享受空调的清凉、狂舔着不贵的冰淇淋；冬天则是坐在咖啡座里，要上一杯维也纳"麦浪汁"，休闲地或阅读着什么，或无目的地盯着过往人流。这就是维也纳这个"宜居之都"的周边百姓生活。

　　扑克村是前往维也纳西北部的必经之路（如果不绕行高速公路的话）。一条乡间公路往北逐渐进入不高的丘陵地带，这里的景色与维也纳略有不同：高低起伏的山峦、黛色的森林、委婉的小河和田地是这里的特征。大名鼎鼎的"维也纳森林"在这个地区独具特色，森林大部分以阔叶林为主，多呈野生状态，地上是茂密的灌木、野草，间或有私人办的"猎狗学校""私人牧场""骑术学校"点缀其间，倒也野趣横生。如果经过"立体高架桥"通过西大高速公路（这里有专门的停车场），就进入了维也纳西部风景区。这里的基本特征是"野"和"人少"，第一点是我此前难以想象的，因为它距维也纳市不过20千米，刚才还是车水马龙，忽而就杳无人烟了。这也许就是"维也纳与众不同"之处。第二点倒是可以想见，那日我们在那里散步，两个小时过程中也就遇到两个人而已。如果循此路一直走下去，可以到达维也纳西部的自然公园（Laizer Tiergarten），那里的名气可不小：一是里面有老皇帝的"乡间别墅""赫尔墨

维也纳西面的第一驿站——扑克村

奥地利乡间

斯宫",茜茜公主经常居住于此,因为那里夏季非常凉爽;二是那里是儿童的乐园,经常举办一些活动,比如近期的"树木知识"和"蝴蝶的一生";三是那里有一个少有的"野生动物园",麋鹿、小鸭等在草地上自在觅食、闲逛。

维也纳人的夏日休闲

6 河水管理
Saubere Flüsse

魏特曼湖夏日

维也纳面积约 415 平方千米，其中河流和湖泊面积 19.1 平方千米，约占总面积的 4.6%。流经维也纳的多瑙河（发源于德国西南部的黑森林）在欧洲是仅次于俄国伏尔加河的第二长河，是世界上流经国家最多的河流，全长 2850 千米，流域面积 82 万平方千米，年均流量达到 2030 亿立方米。维也纳作为第二大德语城市，每天消耗的水量约 37 万立方米，但都不是来自多瑙河，而是来自阿尔卑斯山区。

在魏特曼湖游泳

我们夏天常去魏特曼湖休闲、游泳、纳凉。其实，这个湖泊并不叫"魏特曼湖"，正式名称叫"新土地湖"（Neufelder See）。之所以称为"魏特曼湖"，是因为离维也纳不远的维也纳新城住着我们的一位老友、好友名为魏特曼，为了方便起见，我们就叫它"魏特曼湖"了。有几件事至今难忘：一是我们前往湖边休闲的时间往往根据天气临时动议，难以很早确定，主人可能外出采购、度假什么的，于是主人便将大门钥匙交给我们，说是我们任何时候都可以过去，开门即入，并交代好更衣在哪里、饮料在哪里、洗手间在哪里等等。二是那里的湖水清澈见底，也十分凉爽，即使在炎热的 7—8 月间，水温也不会高于 20 摄氏度。在这样的水中纳凉，除去水性要好，还要有勇气和信心。记得有一次我们在湖面学习水上健身滑板，那是一种刚刚流行不久的健身水上运动，需要水性、力量和技巧，试想在摄氏 20 多度的水面，学习这种全新的东西，真是一大挑战。三是根据我们的了解，新土地湖周边的土地及其地上的房产大多已被老魏特曼一代买下，已成为私有财产，尽管湖边还有公共浴场，但远不如自家的浴场来得方便。

中欧地区最大的内陆湖——新民湖

新民湖（Neusiedler See）是奥地利湖泊的一个"异类"，一是它湖水不深，最浅处夏天可以见底，平均约 1.5 米；二是它湖水不凉，也许因为浅，也许因为不是高山冰雪水，仅仅高于海平面 113 米；三是它只有部分（约 2/3）在奥地利境内，其余在邻国匈牙利。有心人或许记得电影《茜茜公主（第三部）》中的一个场景：茜茜公主代表奥地利前往匈牙利，安抚匈牙利的官员及百姓，就是从湖边的草原过去的。1993 年之后，奥地利与匈牙利在新民湖共同建立了面积约 323 平方千米的湖区自然保护区，这是一个典型的草原湖泊生态系统，其良好的环境状态及生物的多样性使得这里有数百种鸟类生存、迁徙。它的长处在于：夏季可以游泳，冬季可以滑冰，湖边芦苇丛生、湿地遍野，因此成为候鸟的天堂。现在，新民湖每年举办湖上艺术节，成为闻名遐迩的品牌，许多著名公司也在此安营扎寨，开旅馆，办公司，设立代表处，等等。

奥地利东部的新民湖

奥地利新民湖畔的国家公园

7 梦幻多瑙河
Traumhafte Donau

多瑙河全长 2850 千米，流域面积约 81 万平方千米。它发源于德国，从德国的帕骚（Passau）向东流进奥地利境内，在奥地利全长约 350 千米，东出奥地利进入斯洛伐克，最后在乌克兰进入黑海。多瑙河在维也纳穿城而过，从西北流向东南，留下了太多的故事。"多瑙河为什么是蓝色的？"这是一个我经常被问及的问题，也是我自己经常问自己的一个问题。答案是：奥地利的天空在白天 95% 以上的时间是蓝色的，蓝天映射到河水里，河水自然就变成蓝色的了。

提及多瑙河，不能不说说以下三个方面：一是瓦豪地区，因为那里是多瑙河在奥地利境内最美的一段；二是维也纳地区的多瑙河，因为这里有联合国城和名气越来越大的多瑙岛；三是名不见经传的多瑙河地区，其实这里才是多瑙河的精华所在，因为它没有任何人工的雕琢，是原汁原味的自然，这在崇尚自然美的今天更具吸引力。

游赏多瑙河可以有几种方式：

一是沿着多瑙河开车"兜风"。这是维也纳老百姓在春天里最为常用的一种方式，有点像我们的春游了。特别是每年 4 月复活节前后，沿岸的梨花盛开之时，多瑙河沿岸的各条道路各个景点一定是人满为患的。二是乘船欣赏河光山色、两岸美景。这也是一种不错的选择（有多种长短航线）。一般先溯流而上，尽管这样速度稍慢些，但可以慢慢欣赏碧蓝的河水以及两岸的古堡、村落、葡萄园。如果在瓦豪地区的梅尔克修道院下船，则可以了解若干历史和宗教知识了。三是沿着河岸骑单车或徒步。这会很辛苦，但绝对值得一试。这种独特的方式可以让你见到古朴的、没有人工雕琢的大自然，看到最真实的多瑙河。

奥地利上奥地利州前旅游局长非常有志于将中国游客引入奥地利。他的建议是：中国游客先飞抵奥地利维也纳或者林茨、萨尔茨堡，或者飞抵其他东欧国家，之后换乘游船沿着奥地利境内多瑙河逆流而上。这样既可以解决住宿问题，又可以饱览沿途风光。当然，也可以先抵达西欧国家（如德国）

梦幻多瑙河

游览结束后,再沿着多瑙河顺流而下,进入奥地利后再做其他行程安排。如果游客对奥地利感兴趣,不妨多停留几日,好好看看诸如瓦豪、维也纳的来世今生。

多瑙河在维也纳市域流经联合国城、流经多瑙岛的一段河水最值得一看。1974年,联合国决定在维也纳设立其第三个办事处。奥地利联邦政府于是将维也纳东南部一块土地及建筑以1先令(1先令约合7欧分)的价格租借给联合国,租期99年。而奥方在那方土地上投入了约88亿先令兴建世界第三大联合国城,并于1980年正式交付使用。此后日益完善,于21世纪初建成了维也纳最高的建筑"世纪大厦"。

与此同时,全长约22千米、面积4平方千米的多瑙岛也逐步建成并完善,成为维也纳市民休闲、娱乐的好去处。维也纳每年在多瑙岛上举办各种艺术节,其中最有名的就是每年6月举办的"多瑙岛艺术节"了。它实际是大型、开放、免费的露天音乐演唱会,当然少不了销售小吃和饮料。每年前往多瑙岛的游客都在200万人次以上。

维也纳多瑙河畔（右侧为多瑙岛）

蓝色多瑙河

多瑙河瓦豪风景

奥地利基茨比尔滑雪场

第九章
奥地利的冬季运动

Das 9. Kapitel
Wintersport
in Östrereich

阿尔卑斯山是欧洲的灵魂，也是奥地利的灵魂。它自西北向东南缓缓降低地势，在维也纳形成"盆地"。多雪、寒冷的阿尔卑斯山吸引奥地利人参加各种冬季运动。维也纳人喜欢冬季运动，但奥地利人更喜欢到山上去滑雪，基茨比尔和因斯布鲁克是滑雪的好去处。

2022年，第24届冬季奥林匹克运动会将在北京－张家口举办。办好冬奥会是一件大事，奥地利有我们许多可以学习借鉴的东西，在此略作介绍。

冬季运动的强国

Grossmacht in Wintersport

就整体而言，奥地利不是一个体育大国，但绝对是一个响当当的冬季运动强国。奥地利的体育产业约占其国内生产总值的 6.25%，在其国内市场中达到 160 亿欧元，从业人员约 31 万人。其体育产品的出口额约占其出口总额的 2.2%，其中主要是冬季体育运动装备。这在欧盟 27 个国家中居于前列。奥地利每年吸引全世界超过 6500 万人次来此休闲度假，创收达到 230 亿欧元，创造了 1.5 万个全职就业岗位，并为餐饮、交通等提供了约 4 万个临时工作岗位。奥地利

奥地利最受欢迎的冬季运动——滑雪

滑雪联合会每年举办300多场国际赛事，其中最著名的是发源于奥地利的高山滑雪锦标赛。

奥地利的孩子是在雪山上成长起来的，他们大多从三四岁便开始了滑雪生涯，寒假（也叫冬假）学校会鼓励孩子去滑雪或者学习滑雪，中学如此，大学也是如此。冬天里，大家见面的一大话题就是：今年去哪里滑雪好？有了这样广泛的群众运动基础，小小的奥地利便成了冬季运动强国。

奥地利的"隐形冠军"——滑雪运动

奥地利阿尔卑斯山的滑雪者

2. 滑雪与冰上运动
Skilauf und Eislauf

这里且不谈冬季滑冰运动——例如维也纳的城市冰场早已名扬内外，当年中奥两国人民之间的一段爱情故事就是在这里发端的。每年12月，维也纳市政厅前的圣诞节冰场更是令大人和孩子流连忘返。在圣诞节市场的映衬下，这个冰场演绎出很多浪漫的故事。

被称为"阿尔卑斯山脉的珍珠"的基茨比尔拥有百年滑雪历史，其特有的奥地利山城特色和悠久历史，吸引着全球的滑雪爱好者。进入冬季，整个基茨比尔地区就成了冬季运动的天堂，到处是雪，到处是人。此时，你才能体会到什么叫冬季运动，为什么奥地利人对白雪如此痴迷。

维也纳市政厅前的滑冰场

3 冰雪运动之都——因斯布鲁克
Hautstadt des Wintersport-Innsbruck

奥地利的滑雪运动主要在其西部（如蒂罗尔州），离维也纳最近的也要100千米。蒂罗尔州有约100个滑雪场，4000千米的滑雪道，其中世界第一的"高山速降滑雪道"就是在这里命名的。这里也因此被称为"阿尔卑斯山的心脏"。这里的冰雪季节从上年10月份一直可以延续到次年6月份。

蒂罗尔州首府因斯布鲁克市（Innsbruck）曾两次举办冬奥会，被称为"冰雪运动之都"。1964年1月29日至2月9日，1976年2月4日至15日，在

奥地利的优势项目——高山滑雪

奥地利因斯布鲁克分别举行了第9届冬季奥林匹克运动会和第12届冬季奥林匹克运动会。因斯布鲁克有完善的冬季运动设施，体育馆很大，还有设备齐全的滑冰场，滑雪场设施优良。两届冬奥会都办得非常成功。

我有一次专门去因斯布鲁克滑雪场探访。走上滑雪高台，但见面前是城市，也是滑雪场；是阿尔卑斯山，也是滑雪场。可谓身在城市中，也是身在自然（白雪）中。

奥地利因斯布鲁克市——冬季奥运之城

因斯布鲁克市内的奥运中心

结束语

当我离开维也纳,回头再静静地观察维也纳,我不能不说,"宜居之都"对维也纳来说确实是名至实归。维也纳堪称"颜值逆天、健康包容、文化完善、设施优良",具有"环境优美、社会安全、文明进步、生活舒适、经济和谐、美誉度高"等优秀特质。今天,维也纳老城及若干标志性建筑依旧完好如初:施特凡大教堂依然端庄矗立,环城大道天天上演着精彩的故事,蓝色的多瑙河依旧旖旎婉转、悠然东流去,维也纳森林还是那样仪态万千、四季斑斓,从那里流淌出的故事足以让我们细细品味、世代相传……

我国首都北京也正在大步向宜居城市迈进,正在大力整治环境,治理"开墙破洞",正在疏解"非首都功能"方面下大气力,正在努力使北京山青水绿、空气清新、交通便捷、居住舒适。在此,维也纳的经验是不是可以借鉴呢?例如,维也纳的白水垃圾焚烧厂既是工厂更是艺术品;维也纳在大力发展新能源汽车,大力拓宽道路;在发展公共交通、提倡骑自行车出行的同时,维也纳持续提高私家车的使用成本,为的就是让老百姓出行无忧和呼吸到清新的空气……

城市管理不是简单几句话就可以说清楚的事情,它凝聚着城市管理者的智慧、对民情的了解、实事求是的措施以及法制的力量。

我期待着,在不久的将来,北京能够和维也纳一样跨入世界宜居之都的前列!

Schlusswort

Als ich Wien verlasse und mir rückblickend, in aller Ruhe Gedanken über diese Stadt mache, muss ich so sagen, dass Wien wirklich eine lebenswerte Stadt in wahrsten Sinne des Wortes ist. Wien ist schön, gesund und nchsichtig und hat reichliche Kultur und gute städtische Anlagen. Sie ist gekennzeichnet durch hervorragende Charakter wie wunderschöne Umgebung, soziale Sicherheit, fortschrittliche Zivilisation, angenehmes Leben, wirtschaftliche Harmonie. Heute sind Wien als eine alte Stadt und einige ihre symbolische Bauwerke noch so perfekt wie zur Anfangszeit: emporragender Stephansdom, jeden Tag spielen auf der Ringstrasse interressante Geschichten, die blaue Donau fliesst nach wie vor langsam ostenwärts, der Wiener Wald bleibt wunderschön in aller Jahreszeiten, von dem herausfliessende Geschichten machen uns schmeckhaft, von Generation zu Generation......

Beijing, Hauptstadt meines Vaterlandes, ist gerade angestrebt, zu einer lebenswerten Stadt vorranzuschreiten, indem man sich bemüht, die Umwelt zu verbessn, alte Bauwerke wieder gut zu machen, "Non-Hauptstadt-Funktionen" zu rationieren, um der Stadt grüne Ansicht zu gestalten. Saubere Luft zu verschaffen, angenehmes Verkehrwesen zu fördern und wohlfühlendes Leben herzustellen. Kann man hierfür Wiens Erfahungen als Beispiel nehmen? Wie zum Beispiel die Hunderwasser-Müllverbennungsanlage, die sowohl als Betrieb als auch als Kunstwerk dient, mit aller Kraft vorrangetriebene Neu-Energie-Fahrzeugtechnik, neben Förderung von öffentlichen Verkehrsmitteln und Fahrrädern werden Kosten für Privatautos fortlaufend angehoben, damit die Bevöllerung sorglos ausgehen und frische Luft kekommen können.

Man kann die Stadtverwaltung nicht mit einigen Wörtern schon klar und deutlich erläutern. Hier brauchen wir die Weissheit von Stadtverwaltern, Wissen über die Situation der Einwohnern, den Tatsachen entsprenden Massnahmen und Kraft von Rechtsstaatlichkeit.

Ich erwarte, dass in näherer Zukunft Beijing wie Wien in die Reihe der lebenswerten Städte einrücken möge!

图书在版编目（CIP）数据

宜居之都——维也纳 / 赵彬著. —北京：中国城市出版社，2018.3

ISBN 978-7-5074-3130-8

Ⅰ.①宜… Ⅱ.①赵… Ⅲ.①维也纳－概况－德文 Ⅳ.①K952.1

中国版本图书馆CIP数据核字（2018）第036938号

责任编辑：郑淮兵　孙湛波
责任校对：李欣慰
书籍设计：锋尚设计

宜居之都——维也纳
赵彬　著
*
中国城市出版社出版、发行（北京海淀三里河路9号）
各地新华书店、建筑书店经销
北京锋尚制版有限公司制版
北京雅昌艺术印刷有限公司印刷
*
开本：787×1092毫米　1/16　印张：14¾　字数：234千字
2018年3月第一版　　2018年3月第一次印刷
定价：168.00元
ISBN 978 - 7 - 5074 - 3130 - 8
　　　　（904093）

版权所有　翻印必究
如有印装质量问题，可寄本社退换
（邮政编码 100037）